東亞民俗學稀見文獻彙編
第一輯

宣和奉使高麗圖經

宣和奉使高麗圖經　徐兢撰

宋故尚書刑部員外郎徐公行狀　張孝伯狀

宋槧宣和奉使高麗圖經校記　段瓊林校

韓國漢籍民俗叢書

第十冊

宣和奉使高麗圖經

宣和奉使高麗圖經序

臣聞天子元正大朝會。畢列四海圖籍於庭。而王公侯伯。萬國輻輳。此皆有以揆之。故有司所藏嚴毖特甚。而使者之職。尤以是爲急。在昔成周職方氏。掌天下之圖。以掌天下之地。辨其邦國都鄙四夷八蠻七閩九貉五戎六狄之人民。周知其利害。而行人之官絡驛道路。若慶賀犒禬之類。凡五物之故莫不有治。若康樂厄貧之類。凡五物之辨莫不有書。用以復命於王。俾得以周知天下之故。外史書之。以爲四方之志。司徒集之。以爲土地之圖。誦訓道之以詔觀事。土訓道之以詔地事。此所以一人之尊深居高拱於九重。而察四方萬里之遠。如指諸掌。當沛公初入關。蕭何獨收秦圖書。及天下已定。而漢盡得知其阨塞戶口者。繄何之功。隋長孫晟之至突厥。每游獵輒記其國土委曲。歸表聞於文帝。口陳形勢。手畫山川。卒以展異日之效。然則乘輶軒而使邦國者。其於圖籍固所先務。矧惟高麗在遼東。非若侯甸近服可以朝下令而夕來上。故圖籍之作尤爲難也。皇帝天德地業。畢朝萬國。乃眷高麗被遇。神考益加懷徠。遴擇在廷。將命撫賜。恩隆禮厚。前未之有。時給事中臣允迪。以通經之才超世之文。取甲科著宿望。中書舍人臣墨卿。學問高明。見於踐履。恪守忠孝。臨事不回。竝命而行。非獨其執節專對不減古人之膚使。而風采聞望。自足以壯朝廷之威靈。聳外夷之觀聽。拜命未行。會聞王俁薨。遂以奠慰之禮兼往。臣愚猥承人乏。獲聯使屬之末。事之大者。固從其長。而區々得以專達者。又不足以補報朝廷器使之萬一。退而自訟曰。周爰咨詢。歌於皇華之詩則徧問以事。正使者之職。謹因耳目所及。博采衆說。簡汰〇宋本作去其同於中國者。而取其異焉。凡三百餘條。釐爲四十卷。物圖其形事爲之說。名曰宣和奉使高麗圖經。臣嘗觀崇寧中王雲所撰鷄林志。始疏其說。而未圖其形。比者使行。取以稽考。爲補已多。今臣所著圖經。手披目覽。而遐陬異域。擧萃於前。蓋倣（○宋本倣下有古字）聚米之遺制也。雖然昔漢張騫出使月氏。十有三年而後歸。僅能言其所歷之國地形物產而已。臣愚雖才不逮前人。然在高麗纔及月餘。授館之後。則守以兵衛。凡出館不過五六。而驅馳車馬之間。獻酬尊俎之上。耳目所及。非若十三載之久。亦粗能得其建國立政之體。風俗事物之宜。使不逃乎。繪畫紀次之列。非敢矜博洽飾浮剽以塵冕旒之聽。蓋摭其事實。以復於朝。庶少逭將命之責也。有詔。上之御府。謹掇其大槪。爲之序云。

宣和六年八月六日。奉議郞充奉使高麗國信所提轄人船禮物賜緋魚袋臣徐兢謹序。

仲父既以書上御府。其副藏家，靖康丁未春，里人徐周賓借〇宋本作乞觀。未歸而寇至，失書所在。後十年家君漕江西，弭節於洪。仲父來省。或謂郡有北醫上宜〇宋本作官生，實獲此書，亟訪之，其無恙者特海道二卷耳。仲父嘗爲蕆言，世傳予書往往圖亡而經存。余追畫之無難也，然不果就。嘻蓋棺事乃已矣，姑刻是留澂江郡齋，來者倘有考焉。乾道三年夏至日，左朝奉郎權發遣江陰郡軍主管學事徐蕆書。〇宋本此跋在四十卷行狀後。

宣和奉使高麗圖經目錄

宣和奉使高麗圖經 目錄

宣和奉使高麗圖經目錄

宣和奉使高麗圖經卷第一

建國

臣聞。蠻夷君長類。以詐力自尊。殊名詭號。單于可汗。無足稱者。獨
高麗自箕子之封。以德取侯。後、世稍衰。他姓亦用漢爵。代居其位。
上有常尊。下有等衰。故襲國傳世。頗可紀錄。今謹稽諸史。敘其歷
代之王。作建國記云。

始封

高麗之先。蓋周武王封箕子胥餘於朝鮮。實子姓也。歷周秦。至漢
高祖十二年。燕人衛滿亡命。聚黨椎結。服役蠻夷。浸有朝鮮之地
而王之。自子姓有國八百餘年而爲衛氏。衛氏有國八十餘年。先
是夫餘王得河神之女。爲日所照。感孕而卵生。既長善射。俗稱善

射爲朱蒙。因以名之。夫餘人以其生異謂之不祥。請除之。朱蒙懼逃焉。遇大水無梁。勢不能渡。因持弓擊水而呪之。魚鱉竝浮。因乘以濟。至紇升骨城而居。自號曰高句驪。因以高爲氏。而以高驪(鄭刻麗)爲國。凡有五部。曰消奴部。(鄭刻下四部各有曰字。)絶奴部。順奴部。灌奴部。桂婁部。漢武帝滅朝鮮。以高麗爲縣。屬元菟郡。其君長賜之鼓吹伎人。常從郡受朝服衣幘。縣令主其名籍。後稍驕。不復詣郡。於東界築小城。歲時受之。因名幘溝漊。溝漊者高麗名城也。於是始稱爲(鄭刻無爲字)王焉。王莽發其兵以誅匈奴。不至。降王爲侯。而麗人益寇邊。光武中興。麗(○宋本作罷)遣邊吏。建始八年。遣使來朝。因復王號。列爲外藩。安帝以後。部衆滋熾。雖少鈔暴旋即賓服。初消奴爲王。既衰而桂婁代(○宋本作伐)之。至王宮。生而開目能視。國人惡之。及長壯勇。和帝時頻掠遼東。傳至王伯固。伯固死。有二子。長曰拔奇(鄭刻有者字)不肖。次曰伊夷模。國人立焉。漢末公孫康擊破伊夷模於其國丸都山下。國人共立其子位宮。位宮亦有勇力好鞍馬。以其祖宮生而能視。今王亦然。句驪謂相似爲位。故名鄭刻有曰字位宮。魏將毋丘儉屠之。追至肅今上御名○孝宗諱昚。○刻石紀功而還。位宮五世孫劉。晉永嘉中與遼西鮮卑慕容廆鄰。廆不能制。康帝建元初。廆子皝帥師伐之大敗。後爲百濟所滅。其後慕容寶以其王高安爲平州牧。安孫璉。義熙中遣長史孫翼獻赭白馬。以爲營○宋本作榮州牧高麗王樂浪郡公璉七世孫元。隋文帝時率靺鞨寇遼東唐太宗時其東部大人蓋蘇文。賊虐不道。帝親征之。威震遼海。高宗又命李勣討○宋本作往平之。俘其王高藏。裂地而爲郡縣。建安東都護府於平壤城。以兵鎭守。後武后遣將擊殺其主乞昆羽。而立其主乞仲象。亦病死。仲象子祚榮立。因有其衆四十萬。據於桂○宋本作挹婁。臣於唐。中宗時乃置忽汗州。以祚榮爲都督渤海郡王。其後遂號渤海。初藏之俘也。其酋長有劍牟岑者。立藏外孫舜爲王。又命高侃討平之。都護府既屢遷。舊城頗入新羅。遺民散奔突厥靺鞨。高氏既絕。久而稍復。至唐末遂王其國。後唐同光元年。遣使來朝。國王姓氏史失不載。長興二年。王建權知國事。遣使入貢。遂受爵以有國云。

宣和奉使高麗圖經 卷第一

宣和奉使高麗圖經 卷第二

世次

臣聞。史家之法。傳遠者略。而近者詳。高麗歷世之王。臣既以〈宋本作已〉概叙之於前矣。若乃王氏建國。累世尊事本朝。至王俁與今王楷。又享禮加厚。不可不條著之。謹因其世次宗系。而嗣以楷之行事云。

王氏

王氏之先。蓋高麗大族也。當高氏政衰。國人以建賢。遂共立爲君長。後唐長興三年。遂自稱權知國事。請命於明宗。乃拜建元菟州都督充大義軍使。封高麗王。晋開運二年建卒。子武立。漢乾祐末武卒。子昭立。至皇朝建隆三年。太祖皇帝御極。奄有萬國。昭遣使來朝。賜以功臣之號。仍加食邑。開寶九年昭卒。子伷立。遣使請命。封高麗國王。太宗皇帝卽位。改封大順軍使。太平興國七年伷卒。弟治上章乞襲封。詔從之。淳化六年契丹攻之。治畏懦無守。臣事北境。遂闕朝貢。治卒。弟誦立。咸平三年。其臣朱仁紹入朝。具言國人思慕皇化。逼於強鄰。未能如願。朝廷嘉之。賜詔褒諭。大中祥符七年誦卒。弟詢權知國事。大破契丹。復謹脩貢。且乞降尊號頒正朔。又求封册。眞宗皇帝初欲俯從。議者難之。遂寢止。從班詔而已。天聖中。使人屢與女眞偕來貢方物。天子加恩報禮優異。後詢卒。子隆立。優柔不斷。政荒力屈。憚於北境。遂復臣事之。而貢使又絕。隆卒。私謚曰正。子德王欽。欽弟穆王亨。皆朝貢不通。而朝廷亦罷遣使。亨弟徽。熙寧四年以權知國事復脩方貢。七年九年使人荐至。神宗皇帝嘉其忠藎。元豐元年。命左諫議大夫安燾爲國信使。

起居舍人陳睦副之。自明州定海。絕洋而往。時徽病風痺。僅能拜命。且乞醫藥。上覽其奏從之。三年四年遣〇宋本作連使來朝。六年徽卒。立凡三十八年。謚曰文。世子勳立。百日卒。弟國原公運立。命左諫議大夫楊景略爲祭奠使。禮賓使王舜封副之。右諫議大夫錢勰爲弔慰使。西上閤門副使朱球副之。七年七月。自密之板橋航海而往。八年哲宗皇帝踐祚。使來奉慰。又遣使來賀。運立四年卒。謚曰宣。子堯立。未閱歲而以病廢。國人乃請其叔熙攝政。未幾而堯卒。謚曰懷。熙乃襲位。自元祐五年至元符元年。貢使再至。三年遣使綏撫。遵元豐故事也。皇帝嗣位。遹追來孝。丕承先烈。薄海內外無不臣妾。德被藩服。恩行海隅。迺者崇寧元年。命戶部侍郎劉逵、給事中吳拭。持節往使。禮物豐腆。恩綸昭回。所以加惠麗國。而褒寵鎭撫之。以繼神考之志。益大而隆。二年五月。由明州道梅岑。絕洋而往。時熙避契丹嫌名改熙曰顒。然自神考有作務來遠人。天相睿謨。王徽襲爵以承其旨。殆非偶然。徽忠順循理。知尊中國。館待使華禮意勤厚。至遇賈人亦有體貌。治尚仁恕。享國久長宜矣。崇寧二年顒卒。年五十。世子俁立。自長興三年壬辰迨今宣和六年甲辰。王氏有國九世凡十七人。合一百九十三年云。

世系

建—武—昭—伷、治、誦、詢

詢—隆—欽、亨、徽

徽—勳

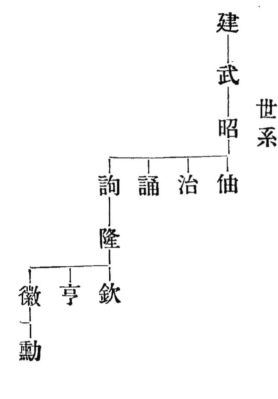

運 ─ 堯
顒 ─ 俁 ─ 楷

高麗國王王楷

楷、王俁之世子也。壬寅春三月。俁病革。召李資謙入議嗣事。夏四月俁薨。資謙等乃立楷爲王。楷眉宇踈秀。形短而貌豐。肉勝於骨。性慧多學、亦甚嚴明。在春宮時。官屬有過。必遭譴辱。既立。雖幼沖國官頗畏憚之。廼者信使至彼。受詔拜表。行燕饗禮。升降進退綽有成人之風。亦當爲東夷之賢王也。

宣和奉使高麗圖經 卷第二

宣和奉使高麗圖經 卷第三

城邑

臣聞。四夷之君類。多依山谷就水草。隨時遷徙。以爲便適。固未嘗知有國邑之制。西域車師鄯善。僅能築墻垣。作居城。史家即指爲城郭諸國。蓋誌其異也。若高麗則不然。立宗廟社稷。治邑屋州閭。高堞周屏。模範中華。抑箕子舊封。而中華遺風餘習尚有存者。朝廷閒遣使存撫其國。入其境。城郭巋然。實未易鄙夷之也。今盡得其建國之形勢而圖之云

封境

高麗南隔遼海。西距遼水。北接契丹舊地。東距大金。又與日本琉球（○宋本作流求）聃（○宋本作聃）羅黑水毛人等國犬牙相制。惟新羅百濟不能自

固其圉。爲麗人所幷。今羅州廣州道是也。其國在京師之東北。自燕山道陸走。渡遼而東之其境。凡三千七百九十里。若海道則河北京東淮南兩浙廣南福建皆可往。今所建國。正與登萊濱隸（鄭刻作濱棣）相望。自元豐以後。每朝廷遣使。皆由明州定海放洋絕海而北。舟行皆乘夏至後南風。風便不過五日即抵岸焉。舊封境東西二千餘里。南北一千五百餘里。今既幷新羅百濟。東北稍廣。其西北與契丹相接。（鄭刻云與契丹接連。）昔以大遼爲界。後爲所侵迫。乃築來遠城以爲阻固。然亦恃鴨綠以爲險也。鴨綠之水源出靺鞨。其色如鴨頭。故以名之。去遼東五百里。經國內城。又西與一水合。即鹽難水也。二水合流。西南至安平城入海。高麗之中此水最大。波瀾清澈。所經津濟皆艤巨艦。其國恃此以爲天塹。水濶三百步。在平壤城西北四百五十里。（鄭刻有遼水東西四百八十里句。○此句宋本不作注。東西作東南。）自遼已東即舊屬契丹。今虜衆已亡。大金以其地不毛不復城守。徒爲往來之道而已。鴨綠之西又有白浪黃嵓二水。自頗利城行數里。合流而南。是爲遼水。唐貞（○宋本作正）觀間李勣大破高麗於南蘇。旣渡。恠其水淺狹問之。云是遼源。以此知前古未嘗恃此水以爲固。此高麗所以退保鴨綠之東歟。

形勢

高麗素知書明道理。拘忌陰陽之說。故其建國必相其形勢可爲長久計者。然後宅之。自漢末徙丸都山下。後魏至唐皆居平壤。至李勣平其地。建都護府。則嘗遁寄稍東。不詳其所。唐末復國。當是今所都地。蓋嘗爲開州。今尚置開成（鄭刻城）府。其城北據崧山。其勢自乾亥來。至山之脊稍分爲兩岐。（○宋本作歧。）更相環抱。陰陽家謂之龍虎臂。以五音論之。王氏商姓也。西位欲高。則興乾西北之卦也。來崗亥落。其右一山屈折。自西而北轉。至正南一峯特起。狀如覆盂。因以爲案。外復有一案。其山高倍。坐向相應寶(鄭刻寳)主丙壬。其水發源自崧山之後。北直子位。轉至艮方。委蛇(鄭刻曲)入城。由廣化門稍折向北。復從丙(鄭刻南)地流出。已上蓋乾爲金。金長生在巳。是爲吉卜。自崧山之半。下瞰城中。左溪右山。後崗前嶺。(鄭刻前崗後嶺)林木叢茂。形勢若飲澗蒼虯。宜其保有東土。歷年之久。而常爲聖朝臣屬之國也。

國城

高麗自唐以前。蓋居平壤。本漢武帝所置樂浪郡。而唐高宗所建都護府也。以唐志考之。平壤城乃在鴨綠水東南。唐末高麗君長懲累世兵革之難。稍徙而東。今王城在鴨綠水之東南千餘里。非平壤之舊矣。其城周圍六十里。山形繚繞。雜以沙礫。隨其地形而築之外、無壕塹、不施女牆。列（太上御名○高宗諱構）延屋如廊廡、狀頗類敵樓、雖施兵仗以備不虞。而因山之勢。非盡堅高。至其低處則不能受敵。萬一有警。信知其不足守也。外門十二。（鄭刻誤十一。）各有標名。舊志纔知其七。今盡得之。正東曰宣仁。（舊不見名。止曰東大門。）曰崇仁。（舊曰東門。鄭刻求門。）曰安定。（舊曰須恤。乃麗人方言也。○鄭刻須恤作須知。）東南曰長覇。（鄭刻誤長朔。）正南曰宣華。（舊不見門。）曰會賓。曰泰安。（舊曰眞觀今易此名）西南曰光德。（舊曰正州。亦通其路耳。州郡非門名所宜。）正西曰宣義。曰狻猊。正北曰北昌。（舊曰崧山。特登山之路。非本名也。）東北曰宣祺。（舊曰金郊今易此名。）西南隅王府宮室居之。其東北隅卽順天館。極加完葺。西門亦壯麗。蓋爲中朝人使設也。自京市司至興國寺橋。由廣化門以迄奉先庫。爲長廊數百間。以其民居隘陋參差不齊。用以遮蔽。不欲使人洞見其醜。東南之門蓋溪流至巳方。衆水所會之地。其餘諸門官府宮祠道觀僧寺別宮客館。皆因地勢星布。諸處民居十數家共一聚落。井邑街市無足取者。總其建國大概而圖之。其餘則互見於別篇。

樓觀

王城昔無樓觀。自通使以來。觀光上國。得其規模。稍能（太上御名○構）治。初惟王城宮寺有之。今官道兩旁與國相富人稍稍僭侈。入宣義門。每數十家則建一樓俯近。興國寺二樓相望。左曰博（鄭刻溥）濟。右曰益平。王府之東二樓臨衢。不見標牓。簾幙華煥。聞皆王族遊觀之所。人使經由。則有婦女窺覘於其間。衣服之飾不異民庶。或云。王每出遊。則其族始易錦繡也。

民居

王城雖大。磽确山壟。地不平曠。故其民居形勢。高下如蜂房蟻穴。誅茅爲蓋。僅庇風雨。其大不過兩椽。比富家稍置瓦屋。然十纔一二耳。舊傳惟娼優所居揭長竿。以別良家。今聞不然。蓋其俗淫祠鬼神。亦厭勝祈禳鄭刻禱之具耳。

坊市

王城本無坊市。惟自廣化門至府及館。皆為長廊。以蔽民居。時於廊閒榜其坊門。曰永通。曰廣德。曰興善。曰通商。曰存信。曰資養。曰孝義。曰行遜。其中實無街衢市井至有斷崖絕壁、蓁莽繁蕪、荒墟不治之地。特外示觀美云耳。

貿易

高麗故事。每人使至。則聚為大市。羅列百貨。丹漆繒帛。皆務華好。而金銀器用。悉王府之物。及時鋪陳。蓋非其俗然也。崇寧大觀使者。猶及見之。今則不然。蓋其俗無居肆。惟以日中為墟。男女老幼官吏工伎。各以其所有。用以交易。無泉貨之法。惟紵布銀瓶。以準其直。至日用微物不及匹兩者。則以米計錙銖而償之。然民久安其俗。自以爲便也。中間朝廷賜予錢寶。中間下。鄭刻注云闕六字。案文義似無闕文。今皆藏之府庫。時出以示官屬傳玩焉。

郡邑

州縣之建。實不副名。特聚落之繁處。自國之西北與契丹大金接境。粗有壘塹。其東南濱海。亦有建於島嶼者。惟西京最盛。城市略如王城。又有三京四府八牧。又爲防禦郡一百一十八。爲縣鎮三百九十。爲洲島三千七百。皆設守令監官治民。惟牧守都護公廨數楹。令長則隨所在。舍於居民。吏政租賦之外無健訟。在官者公田不足以資用則亦仰給於富民云。

宣和奉使高麗圖經 卷第三

宣和奉使高麗圖經卷第四

門闕

臣聞。黃帝堯舜。尙象於豫。乃設重門。擊柝以待暴客。後世聖人。又差尊卑而爲之等。故天子之門。曰皐。曰庫。曰雉。曰應。曰路。凡五。諸侯則去其二焉。曰庫。曰雉。曰路而已。魯爲周公後。而新作雉門兩觀。且不逃春秋之譏。況其他侯乎。高麗門闕之制。亦頗遵古侯禮。雖其屢聘上國。亦頗效顰學步。然材之工拙。終以朴陋云。

宣義門

宣義門卽王城之正西門也。西爲金方。於五常屬義。故以名之。其正門二重。上有樓觀。合爲瓮城。南北兩偏別開門相對。各有武夫守衛。其中門不常開。惟王與使者出入。餘悉由偏門也。自碧瀾亭以至西郊。乃過此門而後入館。王城之門。唯此最大且華。蓋爲國朝人使設也。

外門

王城諸門。大率草創。唯宣義門以使者出入之所、北昌門爲使者徊程祠廟之路。故極加嚴飾。他不逮也。自會賓長覇等門。其制略同。惟當其中爲兩戶。無尊卑皆得出入。其城皆無（○宋本作爲）夾柱。護以鐵簫。上爲小廊。隨山形高下而築之。自下而望崧山之脊。城垣繚繞若蛇虺蜿蜒之形。長覇門通安東府。光德門通正州。宣仁門通揚（○宋本作楊）全羅三州。崇仁門通日本。安定門通慶廣清三州。宣祺門通大金國。北昌門通三角山、薪炭松子布帛所出之道也。

廣化門

廣化門。王府之偏門也。其方面東。而形制略如宣義。獨無瓮城。藻飾之工過之。亦開三門。南偏門牓儀制令四字。北門牓周易乾卦繇辭五字。仍有春帖子云。雪痕尙在三雲陛。日脚初升五鳳樓。百辟稱觴千萬壽。袞龍衣上瑞光浮。

昇平門

昇平門。卽王宮之正南門也。上爲重樓。旁起兩觀。三門竝列。制益宏大。四阿各有銅火珠爲飾。自門之內。左右分爲兩亭。皆曰同樂。矮牆幾百堵相屬。以至神鳳門。而門之制又壯大於昇平矣。東曰春德。通世子宮。西曰太初。通王居。備坐又十餘步。卽閶闔門。乃王奉迎詔書之所也。左右兩掖有承天門。自是而上。山勢稍逼。中庭隘狹。去會慶殿門。（鄭刻有外字。）不過數丈耳。昇平、神鳳、閶闔三門。制度文采大抵相類。而神鳳爲冠。題牓之字。金書朱地。有歐率更之體。大抵麗人多法古。不敢以臆說已見而妄爲俗體也。

同德門

同德左右二門相對。其中即昇平門也。形制略似殿門而極高。惟無臺觀。昌德、會賓、春宮、承休。其制與同德不異。特閤門與承天二門差褊爾。

殿門

會慶殿門。在山之半。石梯磴道高可五丈。蓋正殿之門也。竝列三門、中門惟詔書得入。王與人使分左右而行。門外列戟二十四枝。甲冑之士執其儀衞。守衞甚衆。特嚴於他門爾。

宣和奉使高麗圖經　卷第四

宣和奉使高麗圖經 卷第五

宮殿一

臣仰惟神宗皇帝。誕敷文教。覃被遐方。貢琛面内者。梯航沓至。〇宋本作沓土。惟高麗尤加禮遇。因遣近侍銜命撫綏。嘗頒睿旨。凡相見處。殿名鴟吻。更不回避。以是知聖謨宏遠不責蠻夷以小節。而嘉其忠順之大義也。夏童北虜。氈城穹廬。四時隨水草。溫凉遷徙。初無定都。若高麗自前史已載。其依山谷而居。少田業。力作不足以自資。其俗節於飲食。而好脩宮室。故至今王之所居堂。太上御名。〇鄭刻下有仍在二字。圓櫨方頂飛翬連甍。丹碧藻飾。望之潭々然。依崧山之脊。蹬道突兀。古木交陰。〇宋本作蔭。殆若嶽祠山寺而已。今繪其形制。仍不廢其名也。

王府

王府內城環列十三門。各揭名額。隨方見義。惟廣化門正東通長衢。殿門十五。惟神鳳爲最華。內府十六。尙書省爲冠。九殿參差。會慶爲正寢。三閤（鄭刻閣）鼎峙。清燕爲壯麗。復有小殿。以爲燕居之所。日視事於便座。惟施茵褥於榻上。國官親侍。跪列其側。聽受王旨。次第傳出。大臣五日一見。每見直至大堂。（案鄭刻無每見直至大堂句。有別有議政之堂句。）餘官則朔望之外四見於王。聽旨受令。（鄭刻事。）凡有事當上（案鄭刻無凡有事當上五字。有則立於門外惟執七字。）奏官當門授之。升階復位。皆脫屨膝行。而進退往來廷趨必面王磬折。其謹如此。至餘屋宇則皆草創。名浮於實。不足詳紀。析而圖之。或互見於諸篇也。

會慶殿

會慶殿在閶闔門內。別有殿門。規模甚壯。基址高五丈餘。東西兩階。丹漆欄檻。飾以銅花。文彩雄麗。冠於諸殿。兩廊通三十間。中庭甃石。地虛不堅。行則有聲。常禮不敢居。惟人使至。則受詔拜表於庭下。燕會則設使副之席於殿之西楹東向。上節位於東序。中節位於西序。下節位於門之兩廈而北向。餘禮則別殿以別之。

乾德殿

乾德殿在會慶殿之西北。別有殿門。其制五閒。視會慶殿差小。故事人使至彼。第三會。王禮加勤。特出姬侍則燕於其中。被〇宋本作彼使者至。楷以拘衣制不講。惟同會慶酬酢而止。若朝廷非專遣使。雖郡吏使臣持牒傳命。亦燕於此殿。特禮文有隆殺耳。

長和殿

長和殿在會慶之後。直北一崗。地勢高峻。形制益隘。不逮乾德。兩廡皆帑藏。其東貯聖朝所錫內府之珍。其西以儲其國金帛之類。警備之卒視他所加嚴焉。

元德殿

元德殿在長和殿之後也。地勢益高。營治草率。聞其王不常居。惟鄰國侵逼。邊陲有警。則即之。發兵命將若刑殺樞要之事。則與近臣親密者一二人議決於此。

萬齡殿

萬齡殿在乾德之後。基太上御名。構差小而藻飾華麗。蓋寢室也。姬嬪侍女於兩廡列室而環居。自崧山之半下視。其室奧亦不甚寬敞。諒其姬侍之數亦稱其居耳。

宣和奉使高麗圖經　卷第五

宣和奉使高麗圖經 卷第六

宮殿二

長齡殿

長齡殿在乾德之東紫門內。其制三間。雖華煥不逮萬齡。而規模過之。每中朝使者欲行。前期必有先書介紹。至則於此受之。賈人之至境。遣官迎勞。舍館定然後於長齡受其獻。計所直以方物數倍償之。

長慶殿

長慶、重光、宣政三殿。舊記雖載其名。今聞更脩重光長慶。易爲便（鄭刻別）殿。恐是今建閣（鄭刻閣）之地。宣政即外朝也。歲時與其臣屬會飲。王誕日亦有節名。王俁以八月十七日生。謂之咸寧。其日大會公族貴臣近侍於長慶。中國賈人之在館者亦遣官爲筵件。用華夷二部樂。亦有致語。甞記其口號。曰。當時瑞色照宮林。和氣濃濃破積陰。香花千家祈國壽。笙歌二部樂賓心。興酣日影移珠箔。舞罷花枝倒玉簪。須盡清歡酬美景。從容莫訴酒杯深。

延英殿閣

延英殿閣在長齡之北。制度大小略如乾德。王於此親試進士。又其北曰慈和。亦爲燕集之處。前建三閣。（按下祗敍寶文淸讌不及臨川。三字似當作二。）曰寶文。以奉累聖所錫詔書。西曰淸燕。以藏諸史子集。甞（太上御名○構）得其燕記文。曰。開府儀同三司守太保兼門下侍郎監（鄭刻脩）脩國史上柱國江陵郡開國侯食邑一千三百戶食實封三百戶臣金緣奉敎撰。通奉大夫寶文閣學士左散騎常侍上護軍唐城郡開國男食邑三百戶賜紫金魚袋臣洪灌奉敎書幷篆額。王以聰明淵懿篤實輝光之德。崇尚儒術。樂慕華風。故於大內之側、延英書殿之北、慈和之南。別創寶文清燕二閣。以奉聖宋皇帝御製詔敕書畫。揭爲訓則。必拜稽肅容。然後仰觀之。一以集周孔軻雄以來古今文書。日與老師宿儒討論。敷暢先王之道。藏焉脩焉息焉游焉。不出一堂之上。而三綱五常之敎。性命道德之理。充溢乎四履之閒。越今年丁酉夏四月甲戌。有二（鄭刻三）日。特召守太傅尚書令帶方公臣俌、守太傅尚書公太原公臣倖、守太保齊安侯臣偦、守太保通義侯臣僑、守太保樂浪侯臣景庸。門下侍郎臣偉。門下侍郎臣資謙、臣緣、中書侍郎臣仲璋、參知政事臣晙守、司空臣至和、樞密院使臣軌、知樞密院事臣字之。同知樞密院事臣安仁等。置高會於清燕閣。乃從容謂曰。予顧德不（鄭刻無不字）類。賴天降康。廟社儲祉。金革偃於三邊。文軌同乎中夏。凡立政造事大小云爲。罔不資稟崇寧大觀以來施設注措之方。其於文閣經筵求訪儒雅。遵宣和之制也。深堂密席延見輔臣。法太清之宴也。雖禮有隆殺。而優賢尚能之意。則其致一也。今入朝進貢使資諒。齎桂香御酒龍鳳茗團珍果寶皿來歸。嘉與卿等樂斯盛美。臣僚皆惶駭恐懼。退伏階陛。辭以固陋不敢干盛禮。王趣令就座。溫顏以待之。備物以享之。其供張之設。器皿之列。觴豆之實。果核之品。則六尙之名珍。四方之美味。無一不具。復有上國玻梨馬瑙翡翠犀兕瑰奇玩用之物。交錯於案上。塤篪椌楬琴瑟鍾磬安樂雅正之聲。合奏於堂下。王執爵。命近臣監勸曰。君臣交際。惟以至誠。其各盡量不辭而飲。左右再拜告旨而卒爵。或獻或酬。〇宋本作訓。和樂孔偕。及觴酒九行。且令退息。續有中貴人。押賜襲衣寶帶。以將其厚意焉。既而復召促席而坐使飲食。舉措各自便。或開懷以言笑。或縱目以觀覽。欄楯之外疊石成山。

庭除之際引水爲沼。嵓峯萬狀。清渟四徹。洞庭吳會。幽勝之趣生。而終宴無憚署之意。盡醉劇飲。夜艾而罷。於是縉紳士大夫。擧欣々然。有喜色而相告曰。吾王以慈儉爲寶。而無肆溢之行。衣不御文繡。器不用雕鏤。猶慮一夫之不得所。一事之不合度。每日焦勞惻怛於宵旰之中。至於燕羣臣嘉賓。則發(鄭刻登)內府之寶藏。傾上國之異恩。而窮日之力。以火繼之。猶不以爲侈。其尊賢重禮。好善忘勢之心。實可謂高出百王之上矣。臣嘗聞。昔魯公用天子禮樂。以化成風俗。故於泮宮。則先生君子與之爲樂。其詩曰。魯侯戾止。在泮飲酒。既飲旨酒。永錫難老。燕於路寢。則大夫庶士與之相宜。其詩曰。魯侯燕喜。宜大夫庶士。邦國是有。既多受祉。今吾君奉天子恩意。以寵待臣鄰。故公卿大夫懷天保報上之意。言語法從。賦我有嘉賓之詩。瞽史歌工作君臣相悅之樂。懽忻交通。禮儀率(鄭刻卒)

度。當斯時也。人靈之和氣。天地之休應。上下之施報。風俗之化源〇宋本作原皆出於飲食。衎衎載色載笑之閒。豈止永錫難老。旣多受祉而已耶。必當億萬斯年。享太平之福。而對揚天子永々無彊之休。臣愚且拙。遭逢萬幸。代匱宰鄭刻率府。不以臣之不材。特有書命之事。辭不獲已。謹拜手稽首而强爲之記。

臨川閣

臨川閣在會慶殿西、會同門內。爲屋四楹。窓戶洞達。外無重簷。頗類臺門。非燕集之地。其中藏書數萬卷而已。

長慶宮

長慶宮在王府之西南。由嵩山麓有二小徑。北通王府。東通宣義門。長衢老屋數十楹。王顒諸妹居其中。後出適人。遂虛其地。荒蕪益甚。俁疾革。又卽之醫治、已而不起。因以爲祠奉之所。俁之侍姬與其舊僚屬十數人守之。比使者銜睿眷之隆。遵元豐舊制。祭奠前王。吊慰其嗣。皆於長慶。拜而受之。

左春宮

左春宮在會慶殿之東、春德門內。王之嫡長子初立曰世子。既冠而後居之。屋宇制度。殺於王宮。其大門榜曰太和。次曰元仁。次曰育德。聽事之堂無榜。梁棟脩偉。屏上書文王世子篇。亦建官屬十數人。右春宮在昇平門外、御史臺之西。王之姊妹諸女居之。案此條末二行鄭刻闕十二字。

別宮

王之別宮與其子弟所居。皆謂之宮。王母妃姊妹別居者。給宮受田。以奉湯沐。或空不居。許民射其利。而供租賦。雞林宮在王府之西。扶餘宮在由巖山之東。鄭刻阜。 又有辰韓、鄭刻鼓。 朝鮮、長鄭刻常。宋本作常。 ○安樂浪、下〇宋本作卞韓、金冠六宮。分置城內。皆王伯叔昆弟之居也。王繼母之宮鄭刻宅號積慶。今公族不見顯位。而別宮十室九空。其田土皆領於壽昌鄭刻土昔二字誤作上等。今皆屬之王府。又置官以掌之。案此條鄭刻共闕四十四字。

宣和奉使高麗圖經 卷第六

宣和奉使高麗圖經 卷第七

冠服

臣聞。東夷之俗。斷髮文身。雕題交趾。高麗自箕子封時。已敎以田蠶之利。則當有衣冠矣、漢史稱。其公會衣服皆錦繡、金銀首（○宋本作自）飾、而太加主簿著幘如冠、小加著折風如弁、豈依倣商周冠弁之制而然乎、唐初稍服五采。以白羅爲冠。革帶（○宋本帶下有皆字）金玦（鄭刻云革帶皆金飾）逮我中朝、歲通信使屢賜襲衣。則漸漬華風。被服寵休。翕然丕變。一遵我宋之制度焉。非徒解辮削衽而已也。然而官名參差。朝衣燕服時有異同者。謹列之、作冠服圖云。

王服

王常服（鄭刻王上有高麗字）烏紗高帽。窄袖緗袍、紫羅勒中（○宋本作巾）間繡金碧、其會國官士民。則加幞頭束帶。祭則冕圭。惟中朝人使至。則紫羅公服。象笏玉帶。拜舞忭蹈。極稱（鄭刻譴）臣節。或（鄭刻有闕字）平居燕息之時。則皁巾白紵袍。與民庶無別也。

令官服

高麗建官。唐武德間有九等。一曰大對（鄭本此下凡闕二百八十一字。以國相條末樞密使副同知院奏事等官通許服之句。誤接於下）靈。（○宋本作盧。）總知國事。次曰太大（○宋本作太）兄。次曰鬱折。次曰大夫人使者。次曰（○宋本無曰字）衣頭大兄。掌機密。謀政事。遣發兵馬。選授官爵。次曰大使者。次曰（○宋本無曰字）大兄。次曰（○宋本無次曰二字作收字）位使者。次曰（○宋本無曰字）上位使者。次曰（○宋本無曰字）小兄。次曰。（○宋本無曰字）諸過節。次曰（○宋本無曰字）先人。又有掌賓客（○宋本有比字）鴻臚卿。以大兄使者爲之。又有國子博士通事舍人典書客。皆小兄以上爲之。又諸大城置傉薩。比諸督。諸城置處問近支。比刺使。亦謂之道使。其武官曰大模達。比衛將軍。皁衣頭大兄以上爲之。次曰（〇宋本無曰字）末客比中郞將。以大兄以上爲之。其次領千人。以下各有等差。今其官稱勳秩。往々竊倣中朝。或詰其由。則曰遵用開元故事。至其衣冠亦或似之。前世臣服。以青羅爲冠。絳羅爲珥。飾以羽毛。比年國官悉以紫文羅袍紗製幞頭。其玉帶珮金魚。惟官至太史、太尉、中書令、尙書令者則服之。

國相服

國相之服。紫文羅袍。毬文金帶。仍佩金魚。侍中、太尉、司徒、中書門下侍郞、平章事、參知政事、左右僕射、政堂文學、判尙（〇宋本有書字）吏部（鄭刻以上皆闕。〇事字以下誤接上條一曰大對句下。〇又按鄭刻。事上有虜字。蓋卽上條大對下虜字之誤也）事、樞密使、副同知院奏事等官。通許服之。

近侍服

近侍之服。紫文羅袍。御仙金帶。仍佩金魚。自左右常侍、御史大夫、左右丞、六尚書、翰林學士、承旨學士以上。及祗待國朝使、命接伴館伴官。悉服之。

從官服

從官之服。紫文羅袍。御仙金帶。御史中丞、諫官、給事侍郎、州牧留守使、副閤門、執贊六尚直官、鄭刻宮都知兵馬、四部護使等、與其非泛恩數悉服之。王之世子及王之兄弟亦然。

卿監服

卿監之服。紫鄭刻緋文羅袍。紅鞓犀帶。仍佩銀魚。六寺卿貳、省部丞郎、國子儒官、秘書典職以上。悉服之。

朝官服

朝官之服。緋文羅袍。黑鞓角帶。仍佩銀魚。司業博士、史館校書、太醫司天兩省錄事以上。悉服之其鄭刻有於字階官亦限年數。必待遷升而後改易也。館伴見中朝人使於館中。則各置二人、服緋前導。惟不佩魚。當是倣本朝朱衣雙引之制也。

庶官服

庶官之服。綠衣木笏。幞頭烏鞵。鄭刻韡。自進士入官省曹補吏、州縣令尉、主簿、司宰等、悉服之。

宣和奉使高麗圖經卷第七

宣和奉使高麗圖經卷第八

人物

臣聞東南之夷。高麗人材最盛。仕於國者唯貴臣。以族望相高。餘則或由進士選。或納貲爲之。與夫世祿吏職莫不有等。故有職、有階、有勳、有使、（鄭刻賜。）有檢校、有功臣、有諸衛。仰稽本朝官制。而以開元禮參之。然而名實不稱。清濁混淆。徒爲虛文耳。今使者入境。皆擇臣屬通敏者。付以將迎之禮。以州牧、則有若刑部侍郎知全州吳俊和、禮部侍郎知清（鄭刻青）州洪若伊、戶部侍郎知廣州陳淑。以迎勞餞送、則有若銀青光祿大夫吏部侍郎朴昇中、開府儀同三司守太保中書侍郎中書門下平章事金若溫、開府儀同三司守太保門下侍郎同中書門下平章事崔洪宰、開府儀同三司太保門下侍郎兼中書門下平章事林文友、同知樞密院事拓俊京、李資德。凡此皆王之近臣也。除王府四會之外。與之燕飲酬酢。衎衎如也。以私覿送遺、則有若戶部侍郎梁鱗、金惟棟、刑部侍郎林景清、工部侍郎盧令琚、中侍大夫黃君裳、工部郎中鄭俊、左司郎中李之甫、殿前承旨林寵臣、朝散郎秘書丞金端、（鄭刻誤瑞。）閤門使金輔臣、閤門通事舍人李顒之、曹祺、內殿崇班胡仁顒、引進使王儀、閤門祗候高唐愈、敏（○宋本作閔）仲衡、通事舍人李漸、梁文矩、中衛郎劉及、中亮郎彭京、忠訓郎王承、成忠郎李俊琦、金世安、保義郎李俊異、承節郎許宜、何景、陳彥卿。以傳命贊導。則有若正議大夫禮部尚書金富佾、通議大夫殿中監鄭覃、尚書李璹、中亮大夫知閤門事沈安之、中亮大夫閤門副使劉文志、閤門引進使金義元、閤門通事舍人沈起、王洙、金鐸、李銳材、金純正、黃覯、李淑、陳迪、閤門祗候尹仁勇、〇宋本作男。朴承、鄭擇、陳儞、通事舍人李德升、吳子璵、卓安。皆以才能辯博乃膺是選。爰自相見以迄言旋。其相與燕樂游觀。揖遜之儀。文采雍容。有足觀者。今姑自李資謙而下圖其形者五人。幷其族望而爲之說。

守太師尙書令李資謙

高麗素尙族望。而國相多任勳戚。自王運娶李氏之後。而俁爲世子時。亦納李女爲妃。由是門戶始光顯。資謙之兄資義。在前代時已爲國相。坐事流竄。故資謙視覆車之戒。每自修飭。俁深信重之。使爲春宮傅友。時楷尙冲幼。資謙擇博學多聞之士八人。以導翊之。如金端輩。頃自本朝賜第歸國。正預選掄。壬寅夏四月俁薨。諸弟爭立。先是顒有五子。而俁居長。資謙已立楷。仲父帶方公俌意欲奪其位。遂與門下侍郎韓皦如、樞密使文公美。謀爲不軌。而禮部尙書李永、吏部侍郎鄭克永、兵部侍郎林存等。十餘人爲內應。未及舉而謀泄。即擒捕下吏。資謙乃諷王放俌於海島。而誅群惡。連逮支黨數百人。故以定亂之功進封太師。益加食邑采地。位尙書令。資謙風姿（鄭刻貌）凝靜。儀矩雍容。好賢樂善。雖秉國政頗知推尊王氏。在夷狄中能扶獎王室。亦可謂賢臣矣。然而信讒嗜利。治田疇第宅。阡陌相連。制度侈靡。四方饋遺。腐肉常數萬斤。他皆稱是。國人以此鄙之。惜哉。

接伴正奉大夫刑部尙書柱國賜紫金魚袋尹彥植

尹氏素以儒學知名。擢在王俁時爲樞府。嘗朝貢至中國。而彥植乃其子也。世與李氏通昬。又與資謙厚善。楷在春宮。而彥植亦預引翼之列。故楷立而進官崇貴。彥植美風姿。人質脩偉。宛然有儒者之風。不可以蠻夷接之也。

同接伴通奉大夫尙書禮部侍郎上護軍賜紫金魚袋金

富軾

金氏世爲高麗大族。自前史已載。其與朴氏族望相埒。故其子孫多以文學進。富軾豐貌碩體。面黑目露。然博學强識。善屬文知古今。爲其學士所信服。無能出其右者。其弟富轍亦有時譽。嘗密訪其兄弟命名之意。蓋有所慕云。

館伴金紫光祿大夫守司空同知樞密院事上柱國金仁

揆

金景融。王顒世太傅守中書令。仁揆卽其子也。顒父徽嘗娶金氏女。顒於仁揆有元舅之尊。韓繳如等叛。李資謙挾王楷以誅群惡。而仁揆與有力焉。故進位司空。使居樞府。仁揆頎而美髯。貌魁秀。進止端重。爲所擇以接使華也。

同館伴正議大夫守尚書兵部侍郎上護軍賜紫金魚袋

李之美

高麗每中朝人使至。必遴擇人材或經朝貢者。以爲館伴。之美即資謙之子。風貌美秀。往嘗入覲天闕住館累月。其國事無巨細悉稟之。之美處決無不中禮。進趨詳雅。綽有華風。每言及朝廷。必惓惓〇宋本惓惓作卷卷有傾葵之意。其忠誠亦可嘉尚云。

宣和奉使高麗圖經　卷第八

宣和奉使高麗圖經卷第九

儀物一

臣聞。諸蠻之國雖有君長。其出入則不過以旌旜十數自隨與其臣屬略無分辨。惟高麗素通朝聘。久被漸摩。故其君臣上下動有禮文。王之巡行各有儀物神旗。前驅甲士塞途六衛之軍各執其物。雖不盡合典禮。然而比之諸蠻。粲然可觀。此孔子所以欲居而不以爲陋也。況箕子之國。而爲聖朝眷懷之厚者乎。今併繪其儀物於後。

盤螭扇

盤螭扇。二。製以絳鄭刻綠羅。朱柄金飾。中繡單螭。蜿蜒屈曲。一角無鱗。形實類龍。盖蛟虬之屬也。王行則在前。衣錦袍拒風親衛軍執之。燕則立（鄭刻止）於庭中。禮畢乃退（鄭刻徹）。

雙螭扇

雙螭扇。四。采色裝飾略同單螭。但繡形並列。行禮則亦以親衛軍執之。

繡花扇

繡花扇。二。製以絳羅。朱柄金飾。中繡牡丹雙花。扇之形制比之螭文。其上微窪。行禮排立於螭扇之次。亦以親衛軍執之。三色之扇。各廣二尺高四尺。其笴各長一丈云。

羽扇

羽扇。四。其制掇拾翠羽。編次爲之。下以銀飾。狀如文禽。塗以黃金。頗覺華采。但難於保（鄭刻愛）護。歲（鄭刻有月既二字）久則羽毛脫落。其形上方。今當圖其完形。如初制而未久者。庶可考也。其制笴長一丈。扇廣一尺五寸。高二尺。行禮則以金花曲幞脚頭錦衣親衛軍將執之。鄭刻此條闕十三字。

曲蓋

曲蓋。二。其形六角。各有流蘇。絳羅複飾。上爲明珠金銀間錯。其柄微曲。王之出入不覆其下。惟以衛軍執之前驅數十步。以爲儀式。其制高一丈二一鄭刻尺。廣六尺。

青蓋

其制鄭刻云青蓋之制略同中國。絳羅爲裏。廣幅垂下。復加黃絲組綬。以爲釆飾。聞常用以紅。惟人使至則以青羅罩之。蓋麗人以紅爲最貴。非國王不得用。今以鄭刻此覆蓋。亦恭順聖朝。謙避使節之一端耳。

宣和奉使高麗圖經卷第九

宣和奉使高麗圖經　卷第十

儀物二

華蓋

華蓋之制。文羅繪繡閒錯爲之。上有六角。各出流蘇。狀如佩環。五采垂帶相比、仍有鑾聲。其蓋縱三尺橫六尺。長二丈五尺。大禮則以金吾仗衞軍執之。立於閶闔門外。

黃幡

黃幡之制。以文羅爲之。上繡祥雲。其形上銳。兩角設流蘇。動搖有聲。幡之首尾、通長九尺。濶一尺五寸。鄭刻一丈五尺似誤 竿長一丈五尺大禮則以與華蓋竝列。而所執之軍服飾一等也。

豹尾

豹尾之制。建於矛上。大小不一。當是隨其獸之形而取之。迎詔則以千牛衞軍執之在前。及門則立於同德昇平兩閒也。

金鉞

金鉞之制。略同柱斧。於竿之杪、立一翔鸞。行則動搖有騫騰之勢。王行則龍虎親衞軍將一人執之。從於後。

毬杖

毬杖之制。以木刻成。裹以白金。中有小好。貫采綬而垂之。大禮則以散員校尉十人執之。立於會慶殿兩階下。

旂旆

旂旆之制。以絳羅爲之。次第相屬繫於竿上。又於其杪以白羽爲之飾。自群山島已見之。惟領軍執事者各給焉。蓋藉以指麾之物。此衞軍所以旂頭爲高品也。

宣和奉使高麗圖經 卷第十

宣和奉使高麗圖經 卷第十一

仗衛一

臣聞。高麗王城仗衛。比他郡最盛。蓋驍勇萃於此。當中朝使至。盡出之以示榮觀焉。其制。民十六以上充軍役。其六軍上衛常留官府。餘軍皆給田受業。有警則執兵赴敵。任事則執役赴勞。事已則復歸田畝。偶合前古鄉民之制。初高麗在魏世（鄭刻晉）戶不過三萬。至唐高宗下平壤。收其兵乃三十萬。今視前世又倍增矣。其留衛王城常三萬人。迭分番以守。制兵之略。軍有將。將有領。隊伍有正步。列有等。列爲六軍。曰龍虎、神虎、興威、金吾、千牛、控鶴。分爲兩衛。曰左衛、右衛。別以三等。曰超軍、海軍、猛軍。（鄭刻猛軍在海軍前。）無黥墨之制。無營屯之居。惟給使於公。以衣服爲別而已。鎧甲上下連屬。制如逢掖。形狀詭異。金花高帽幾及二（鄭刻三、）尺。錦衣青袍綬帶垂胯，（鄭刻袴。）蓋其國人質侏儒。特加高帽錦衣（鄭刻采）以壯其容耳。今繪圖各以名色列於后。（鄭刻此條脫三十二字。）

龍虎左右親衛旗頭

龍虎左右親衛旗頭。服毬文錦袍。塗金束帶。展脚幞頭。略類中朝服度。持小旗旆以令六軍。蓋軍衛之隊長也。惟王府之内衛者二人。使者至則置一人於（鄭刻有兵字）使内。乘馬前導。蓋所以待（鄭刻侍）使人、而供給、皆輟侍王之人。禮至於此可謂至矣。

龍虎左右親衛軍將

龍虎左右親衛軍將。亦服毬文錦袍。塗金束帶。帽頭兩脚折而上右勢微屈。飾以金花。王出入則十餘人執羽扇金鉞以從。

神虎左右親衛軍

神虎左右親衛軍。服毬文錦袍。塗金束帶。金花大帽。仍加紫帶繫於領下。如紘纓之屬。形製極高。望之巍然。昔齊永寧中高麗使至。服窮袴。冠拒風。中書郎王融戲之曰。服之不衷身之災也。頭上定是何物。答曰此（鄭刻有則字）古弁之遺像也。今觀高帽之制。其拒風之俗今猶然也。

興威左右親衛軍

興威左右親衛軍。服紅文羅袍。以五采團花點襭爲飾。金花大帽。黑犀束帶。王之左右二十餘人。出則執螭文繡花大扇曲蓋。扈從前後。常服自龍虎神威以下皆以紫帽。無金飾。諸衛中惟此一等人質差偉焉。

上六軍左右衛將軍

上六軍左右衛將軍。被介冑。烏革閒鐵爲之文。錦絡縫使相連屬。

自腰以下垂十餘帶。飾以五采繡花。左佩弓劒。拱手鞠躬。立於殿門之上。惟受詔拜表日。會慶殿中門六人。兩偏門各四人。屹然山立。如土木偶。恭肅之容亦可尚也。

上六軍衛中檢郎將

上六軍衛中檢郎將。蓋有功於宮禁者以次遷補。王所親信賴以保捍內外。常服皆紫衣幞頭。惟大禮齋祭受詔拜表則介胄而出。兜鍪不加於首、而負於背褁。紫文羅巾。飾以珠貝。左佩弓劒。手執彈弓。王行則在前。有喧嘩（鄭刻嘯）則控弦不發而爲之警。人皆肅然。飛鳥過則以丸擊之。夜則秉炬而行。巡視不惰。嘗疑執彈之義問之。云取御史彈劾之義耳。

龍虎中猛軍

龍虎、中猛軍。服靑布窄衣、白紵窮袴。復加鎧甲。惟無覆膊。首不施冑。背負而行。各執小矛。上繫白旗。大不盈尺。繪雲爲飾。迎詔入城、受詔拜表、則在衆仗之後。夾道而進。府會遊觀。惟不施甲冑。兵仗中獨此軍最衆。約三萬人。

金吾仗衛軍

金吾仗衛軍。服紫寬袖彩（疑衫字〇宋本作衫）圈。著（鄭刻者）幞頭。以采上束。各隨其方之色。方爲一隊。隊爲一色。間繡團花爲飾。執持幡蓋儀物。立於閶闔門外。

控鶴軍

控鶴軍。服紫文羅袍。五采間繡大團花爲飾。上折脚幞頭。凡數十人。以奉詔輿。王與人使私覿往來。則奉箱篚。

宣和奉使高麗圖經卷第十一

宣和奉使高麗圖經 卷第十二

仗衛 二

千牛左右仗衛軍

千牛左右仗衛軍。服緋窄衣。首加皮弁。黑角束帶。腰有二襜。飾以獸文。手執小戈。上貫一鼓。其制如鞉。亦有執畵戟鐙杖豹尾之屬。與此服飾皆一等也。

神旗軍

神旗軍。以皮蒙首。上爲木鼻狀。獸額示服猛也。朱衣短後復加兩襜。飾以獸文。惟迎詔受禮則陳於前。張五方大神旗。載以車軸。隨所向安立。每車十餘人。山路閒關突兀。時方大暑。汗流浹背。比之他儀最爲勞耳。

龍虎上超軍

龍虎上超軍。服青布窄衣。文羅頭巾。前襟與背皆有團號。其制不一。王宮使令咸以龍文。餘以盤花。悉皆壓金。雜作閒繡。制作精巧。館中三節位側。布列三二人。名曰巡邏。實察非常也。人使出入則亦給使。上節十鄭刻千餘人。以等殺之。

龍虎下海軍

龍虎下海軍。服青布窄衣。黃繡盤鵰。紅革銅帶。執朱柄檛。順天門守衞二十餘人。每至館會則列於庭中。酒行則聲喏而退。東西兩序交互卷行。復出門外。

官府門衞校尉

官府門衞校尉。服紫文羅窄衣。展脚幞頭。右佩長劒。拱手而立。考其所任之職。總轄兵階。戰陣獲敵首不願賜銀者。次第遷補。以留王府。守衛諸門。自會慶門置左右親衛將軍。外其餘內則廣化、外則宣義諸門。皆有之。至於寺觀官府時亦用焉。然服與人材皆所不逮。當是一時旋置。以他名色人充代。非一等品秩也。

六軍散員旗頭

六軍散員旗頭。自紫燕島方見之。亦軍中之總領者。展脚幞頭。紫文羅窄衣。束帶革履。手執旗旆仗衛儀物。領軍執事每隊各一人。行列進退視以爲準。正中華人員之類也。

左右衛牽攏軍

左右衛牽攏軍。服紫窄衣。練鵲文錦。絡縫烏紗軟絹。鄭刻帶〇宋本作幘 布襦草履。以馭衆焉。唯使副上節官有之。餘皆以龍虎超軍代之。

領軍郞將騎兵

領軍郞將騎兵。服飾其等不一。凡紫羅戰袍、白袴皁履。文羅爲巾。

飾以珠貝者。皆麗人也。至服青綠緊絲大花戰袍。其袴或以紫。或以黃。或以皁。髡髮。而巾制不裹。切附於項。聞是契丹降卒。使副會於王府。還至奉先庫前岡阜之上。見前驅數十騎。鳴鑾馳驟。跳梁鞍韉間。輕銳驍捷。意欲燿武。島夷僻遠。偶有勁卒。而急於人知。亦可笑也。

領兵上騎將軍

領兵上騎將軍。服紫羅窄衣。展脚幞頭。右帶虎韔。左持弓矢兵仗。內列凡百餘人。分爲兩隊。每人使出在前。至廣化門。則下馬止而不入。歸館則止於順天外門。（疑是門外。）行列則極齊飭。非比郎騎也。

宣和奉使高麗圖經 卷第十二

宣和奉使高麗圖經 卷第十三

兵器

臣聞范曄書云。夷者柢也。言仁而好生。萬物柢地而生出。故天性柔順。所以不若西戎之喜兵也。高麗固箕子八條所致之地。然其兵器甚簡而踈。豈原其性然耶。兵法曰。兵不犀利、與徒搏同。惟麗人之兵踈簡。此所以屢爲匈奴所扼、而不能與之校。雖然異俗器械各有所施。不可以不知。今具其名物。圖（○宋本作次）之於左。

行鼓

行鼓之狀稍類雅樂之搏拊也。中腔差長。而以銅環飾之。貫以紫帶。繫於腰下。軍行則在前。與金鐃間擊。其節頗緩。金鐃之形與中華制度不異。故略而不圖。

弓矢

弓箭之制。形狀簡略如彈弓。其身通長五尺。而矢不用竹。多以柳條而復短小。發矢（鄭刻射）不候。引滿舉身送之。雖矢去甚遠而無力。殿門守衞、仗內騎兵、及中檢郎將、皆以虎韔而挾之。備不虞也。

貫革

貫革之狀略如鞞鼓。兩邊皆有皮耳。動搖有聲。貫於矛上。每隊約二十餘人。大禮則以千牛左右仗衞軍執之。

鐙杖

鐙杖之設。國王受詔則有之。上（鄭刻止）爲馬鐙。其竿丹漆。使者前驅。千牛衞軍數十人執之。王行則在前。而鐙以塗金爲飾。餘制悉以鐵爲之。

儀戟

戟有二等。會慶門中各列十二枚。〇宋本作枝上下以金銅爲飾。形制極大。迎詔設燕。則兵仗中所列者。才及六尺許。大抵略同中華。而制作大小不等耳。

胡笳

胡笳之制。上銳下豐。其形差短。使者初至群山島。巡尉將迎舟卒。服靑衣而吹之。其聲嗚咽不成曲調。惟覺群噪如蚊虻之音。迎詔則在前行。每數十步。輒稍却。回面詔輿而吹。聲止乃行。然後擊鐃鼓爲節也。

獸牌

獸牌之制。木體革鞔。繪狻猊狀。上施五兩而以雉尾蔽之。欲以自障。且能刺人而不使之洞見其犀利也。然徒似百戲小兒所執。恐不足以禦矢石。今高麗兵仗中二等皆有之。特小大之異耳。

佩劍

劍佩之飾，形長而刄利，白金烏犀間錯，海沙魚皮以爲鞘，旁爲環紐，貫以采組，或以革帶，以象玉璏（○宋本作𤫌）琫珌之屬，亦古之遺制也。門衛校尉中檢郎騎皆佩之。

宣和奉使高麗圖經　卷第十三

宣和奉使高麗圖經 卷第十四

旗幟

臣聞。高麗儀制。每齋祭祀天。則建大旗十面。各隨其方之色。錯繪神物。號曰神旗。其制極廣。每旗當用帛數匹。下以車軸逐車。以緋衣仗軍十餘人駕之。隨王所在次第安立。四面各施大繩。以備風勢。高十餘丈。國人望神旗所植。則不敢向。唯詔書初入城以至受禮。皆特用之。蓋尊上命也。餘有五方中旗。自上群山島已見之。唯紅旗有飾龍虎猛軍甲士所執。又有小白旗。大不盈掌。繫於矛上。略同兒戲。今竝列於圖云。

象旗

象旗二。其制身與旒皆黑。法水數也。中繪一象前一胡兒持一金戈。復以大繩牽掣其首。有左顧之意。行則舉其後轅。隨地勢扶持而前。至行禮之時。則依方向建立。象旗之位。以黑爲先。考之禮經。武車綏旌。德車結旌。則知建旗於車。自古已然。不特東夷也。

鷹隼旗

鷹隼旗二。其制身與旒皆赤。法火數也。中繪鷹隼騫騰而上。有疾而速之意。周官鳥隼爲旟。今此赤旗用鷹。亦偶合古制也。其行在象旗之次。

海馬旗

馬旗二。其制身與旒皆青。法木數也。中繪一馬。前膊有鬣。狀如火熾。蓋馬火畜也。繪於青旗以象木火相生。位應青龍朱雀二神。其行在鷹旗之次。

鳳旗二。其制身與旒皆黃。法土數也。中繪飛鳳。鳳之爲物。身被五綵。位應中宮。葢五行非土不生。故五方之色備於羽毛。所宜取象。其行在太白旗之次、

太白旗

太白旗二。其制身與旒皆白。法金水數也。中繪一人。金冠玉圭黃衣緑帔。以象太白。下乘一龜。龜有蛇首。取其合形。盖金爲水母。水能生金。位應白虎眞武二神。禮經載。國君之行。前朱雀、而後眞武。左青龍、而右白虎。於二旗互見。頗合古制。其行在馬旗之次。

五方旗

北方之旗。黑色一旒。其廣二幅。無繪繡之文。人使初至境以迄入城。與諸旗爲前導。其行無次。其建無數。以青衣軍執之。初國信使副依舊例給錦繡。閒錯轉光。旗四十面。詔書初入城。令舟人執而

前導，輝映郊野。麗人駭觀，頌曰（〇宋本作歎白）愧其陋焉。

南方之旗。赤色一旒。中繪神人，手執木檛，差異他者。五方之旗獨赤旗爲多耳。

東方之旗。青色一旒。中無繪繡。廣狹多少與諸旗相對。

西方之旗。白色一旒。亦無繪繡。比之諸旗數目差少。

中央之旗。黃色一旒。亦無繪繡。唯群山島紫燕島祗迓信使。列於海岸則有之。又有一等。雜采間錯。中有轉光四角繪雲氣。諸州巡尉戰船邏兵執之。

小旗

小旗之制。紅旒白身。上繪綠雲。人使入城國王迎詔，則龍虎軍數萬人被甲執之。夾道而行。

宣和奉使高麗圖經　卷第十四

宣和奉使高麗圖經卷第十五

車馬

臣聞。有國必有兵。而兵以車運。車以馬行。故古者制國必視車乘之數。差其小大。而詩頌稱魯衛之富。率以馬爲言。高麗雖海國。而引重致遠不廢車馬。然其土地湫隘。道途磽确。非中華比。故輈輪之制。轡馭之法。亦異云。

采輿

采輿。三。一以奉詔。又其一以奉御書。前一輿貯大金香毬。其制用五色文羅。間結錯以錦繡。上爲飛鳳。四角出蓮花。行則動搖。下承以丹漆座。四竿各施龍首。以控鶴軍四十人捧之。前有二人執仗迎。引喝。起止甚肅。王世子與國官迎詔。望輿於當道拜之。

肩輿

肩輿之制。略類胡牀。藤穿翔鸞花文丹漆間錯塗金爲飾。上施錦茵四竿。各施綵絲結綬。自群山島以迄入城。每出館必以肩輿奉。使副以其禮僭不敢乘。唯於前仗中行以爲儀式耳。

牛車

牛車之設。制作率略。殊無法度。下有二轂輪。前轅以牛駕之。每載物於其上。必以草繩貫繫。方免傾覆。況其國率皆山路。行則嵲屼動搖。特爲禮具而已。

王馬

王之所乘馬。鞍韉甚華。或金或玉。皆朝廷所賜也。常馭不施甲。唯八關齋並受詔大禮。則於馬甲之上。復加鞍轡。蒙以繡帕。革帶與繁纓皆有鑾聲相應。亦甚華煥。但比中國於鞍後復加繡茵亦猶侍從官之有猶坐也。

使節馬

高麗去大金不遠。故其國多駿馬。然國人不善控馭。其步驟皆自天然不假人力也。鞍韉之制。惟王所乘以絳羅繡韉。飾以金玉飾。國官大臣以紫羅繡韉。以銀爲飾。餘如契丹之俗。亦無等差。初使人旣到館。卜日受詔。而所奉鞍馬略如王制。使者以其僭侈固辭再四。乃易別馬如國官所乘者。上節所乘降使副禮一等。中節又隨等第而殺之。

騎兵馬

騎兵所乘鞍韉極精巧。螺鈿爲鞍。韉〇宋本無韉字鞦轡以栢枝馬瑙石。閒錯黃金烏銀爲飾。兩𩌏畫鷺頸。與身倍。麗人謂之天鵞偉革。鳴鑾亦有古意。

雜載

麗國多山。道路坎壈車運不利。又無槖駞可以引重。而人所負載甚輕。故雜載多用馬。其制以二器夾裝。橫跨於背。應用之物悉置器中。絡首鞅胷。如乘騎之度。前引後驅。其行頗駛云。

宣和奉使高麗圖經卷第十五

宣和奉使高麗圖經 卷第十六

官府

臣聞。唐虞建官惟百。夏商官倍。亦克用乂。至周而詳。天地四時。仰觀俯察。以道運之。而政事舉矣。豈復有文具而實不應之弊哉。高麗之初建官十有二級。襲夷語以爲之名。不事〇宋本作復。馴雅。自漸皇化。設官置府。依倣稱謂。而涖職治事。尙沿夷風。往往文具而實不應。然而慕義之志亦可尙云。

省監

官府之設。大抵皆竊取朝廷美名。至其任職授官。則實不稱名。徒爲文具觀美而已。尙書省在承休門內。前有大門兩廊十餘閒。中爲堂三閒。卽令官治事之所。政事之所自出也。自尙書省之西春宮之南。前開一門。中列三位。中爲中書省。左曰門下省。右曰樞密院。即國相平章知院治事之所。禮賓省在乾德殿前之側。所以掌四隣之賓客。八關司在昇平門之東。所以掌齋祭之事。御史臺在左同德門內。所以張風憲之任。翰林院在乾德殿之西。所以處詞學之臣。尙乘局以貯車馬。軍器監以藏甲仗。以至賓省之典禮儀。閤門之職贊導。大盈倉實寶貨之帑。右倉即積粟之地。凡此皆在王居內城也。自廣化門外言之。官道之北。則尙書戶部。又其東曰工部。曰考功。曰大樂局。曰良醞局。四門並北列而南向。各有標名。道之南。則兵刑吏三司。其門南列而北向。又東南數十步。即鑄錢監。稍北即將作監也。監門、千牛、金吾三衞在北門內。而金吾稍近東。所以典兵衞之禁。大市京市二司在南大街。而東西相望。所以平關市之政。以至管弦有坊。弓箭有司。幞頭有所。占〇知不足齋叢書己卯重刊本占作古。今從

(朝鮮舊寫本)天有臺。凡此皆在外城之內也。又有開成(鄭刻城)府。拒城四十里。凡民庶婚田鬪訟之事悉總之。

國子監

國子監、舊在南會賓門內。前有大門。榜曰國子監。中建宣聖殿。兩廡闢齋舍。以處諸生。舊制極隘。今移在禮賢坊。以學徒滋多所以侈其制耳。

倉廩

倉廩之制。不施關鑰。外爲墻垣。唯開一門。以防盜竊。內城之內。舊有三倉。今所見者。特右倉耳。宣義門之外有倉曰龍門。洪州山中有倉。曰富用。俗傳。曰芙蓉。非也。大義倉舊在西門內(鈔本作西南門今依鄭刻○宋本作南門)積米三百萬。經回祿悉爲煨燼。遂移於長覇門。麗人以衆水所會之地。可以厭火災耳。又有海鹽常平二倉。相去數百步。唯富用與右倉不常發。以儲兵革水旱之備。其積之狀如圓屋。正詩所謂亦有高廩也。下築土基。其高數尺。織草爲苫。中積米穀一石。積而致之。其高數丈。出於墉外。上復以草葢之。以蔽風雨。盖米氣不泄則陳腐。今高麗倉廩中雖數歲、而米亦新者。以積苫之法、略通其氣耳。國相每歲給米四百二十苫。致仕半之。尚書侍郎而下二百五十苫。卿監郎官一百五十苫。南班官四十五苫。諸軍衛錄事一十九苫。其武臣視此等而上之。與文官相埒。內外見任受祿官三千餘員。散官同正無祿給田者又一萬四千餘員。其田皆在外州。佃軍耕蒔。及時輸納而均給之。

府庫

奉先庫。在廣化門之東去、順天館官道之北。前門二閒。稍東開門。左有一堂。其制極高出於牆外。右有一樓。東面不施窓牖。唯於其柱榜云貯水防火。蓋其中所藏乃奉先王祭器牲牢。及國忌給齋料於此。以施諸寺焉。

藥局

高麗舊俗。民病不服藥。唯知事鬼神。咒詛厭勝爲事。自王徽遣使入貢求醫之後。人稍知習學而不精通其術。宣和戊戌歲。人使至。上章乞降醫職以爲訓導。上可其奏。遂令藍茁等往其國。越二年乃還。自後通醫者衆。乃於普濟寺之東起藥局。建官三等。一曰太醫。二曰醫學。三曰局生。綠衣木笏。日涖其職。高麗他貨皆以物交易。惟市藥則閒以錢貿易焉。

囹圄

囹圄之設。其墉高峻。形如環堵。中亦有屋。葢古圜土之意也。今在官道之南。與刑部相對。輕罪則付刑部。盜及重罪則付獄。繫以縲縲絏。無一人得逸者。亦有枷杻之法。然淹延不決。有至閱時經歲。唯贖金可免。凡決杖以一大木橫縛二手於上。使之著地而後鞭之。笞杖極輕。自百至十。隨其輕重而加損。唯大逆不孝乃斬。次則反縛。髀骨相摩至胷。次皮膚拆裂乃已。亦車裂之類也。外郡不行刑殺。悉械送王城。每歲八月慮囚。夷性本仁。死皐多貸而流於山島。累赦則以歲月久近。量輕重原之。

宣和奉使高麗圖經卷第十六

宣和奉使高麗圖經　卷第十七

祠宇

臣聞。高麗素畏信鬼神。拘忌陰陽。病不服藥。雖父子至親不相視。唯知呪詛壓勝而已。前史以謂。其俗淫。暮夜輒男女群聚爲倡樂。好祠鬼神社稷靈星。以十月祭天。大會名曰東盟。其國東有穴。號襚神。亦以十月迎而祭之。自王氏有國以來。依山築城於國之南。以建子月、率官屬具儀物祠天。後受契丹冊。與其立世子亦於（鄭刻如）此行禮焉。其十月東盟之會。今則以其月望日具素饌。謂之八關齋。禮儀極盛。其祖廟在國東門之外。唯王初襲封與三歲一大祭。則具其專（○宋本作車）服冕圭親祠之。其餘則分遣官屬。歲旦月朔春秋重午皆享祖禰。繪其像於府中。率僧徒歌唄。晝夜不絕。又俗喜浮屠。二月望日。諸僧寺然燭極繁侈。王與妃嬪皆往觀之。國人喧闐道路。其神祠在百里內者。四時遣官。祠以太牢。又三歲一大祭。偏其境內。然及期以祀神爲名。率斂民財。聚白金千兩。餘物稱是。與其臣屬分之。此爲可哂也。自王居宮室之外。惟祠宇制作頗華。諸觀寺惟安和爲冠。以尊奉宸翰故耳。今取其人使道路所歷與夫齋祠、遊覽耳目所及者。圖之。其餘不見制度。則略而不載。

福源觀

福源觀在王府之北、太和門內。建於政和間。前榜曰敷錫之門。次榜曰福源之觀。嘗聞殿內繪三清像。而混元皇帝鬚髮皆紺色。偶合聖朝圖繪。眞聖貌像之意亦可嘉也。前此國俗未聞虛靜之致。今則人人咸知歸仰云。

靖國安和寺

安和寺。由王府之東北。山行三四里。漸見林樾清茂。藪麓崎嶇。自官道南玉輪寺。過數十步。曲徑縈紆。脩松夾道。森然如萬戟。淸流湍激。驚奔漱石。如鳴金碎玉。橫溪爲梁。隔岸建二亭。半蘸灘磧曰〇曰字下空二格。宋本作淸軒。曰漣漪。相去各數百步。復入深谷中。過山門關。或校作閣。〇宋本作閣。傍溪行數里。入安和之門。次入靖國安和寺。寺之額。即今太師蔡京鄭刻書也。門之西有亭。榜曰冷泉。又少北入紫翠門。次入神護門。門東廡有像。曰帝釋。西廡堂曰香積。中建無量壽殿。殿之側有二閣。東曰陽和。西曰重華。自是之後列三門。東曰神翰。其後有殿曰能仁。殿二額實今上皇帝所賜御書也。中門曰善法。後有善法堂。西門曰孝思。院後有殿曰彌陀堂。殿之間有兩廈。其一以奉觀音。又其一以奉藥師。東廡繪祖師像。西廡繪地藏王。餘以爲僧徒居室。其西有齋宮。王至其寺。則自尋芳門過其位。前門曰凝祥。北門曰嚮福。中爲仁壽　後爲齊雲閣。有泉出山之半。甘潔可愛。建亭其上。亦榜曰安和泉。梔花卉竹木恠石。以爲遊息之玩。非特土木粉飾之功。竊窺中國制度。而景物清麗。如在屏幃中。麗人以奎章睿藻在焉、奉之尤嚴也。今使者至彼。率三節官屬從吏。拜於御書殿下。飯僧祈福。日暮歸館。實宣和五年七月二日癸丑也。

廣通普濟寺

廣通普濟寺。在王府之南、泰安門內直北百餘步。寺額揭於官道南向。中門榜曰神通之門。正殿極雄壯。過於王居。榜曰羅漢寶殿。中置金仙文殊普賢三像。旁列羅漢五百軀。儀相高古。又圖其像於兩廡焉。殿之西爲浮屠。五級高逾二百尺。後爲法堂。旁爲僧居。可容百人。相對有巨鐘。聲抑而不揚。故事。以禮物之餘馬、及高麗所遺使副者凡二四、益以白金二斤、爲香花果蔌之供、以作佛事飯僧徒。使副不躬往、惟遣都提轄以下三節行禮焉。

興國寺

興國寺。在廣化門之東南道旁。前直一溪爲梁橫跨、大門東面。榜曰興國之寺。後有堂殿亦甚雄壯。庭中立銅鑄幡竿。下徑二尺、高十餘丈。其形上銳逐節相承、以黃金塗之。上爲鳳首銜錦幡、餘寺或有之。唯安和者書云大宋皇帝聖壽萬（〇萬字下空五格宋本作年祝其傾頌）之意。出於誠心、宜其被遇聖朝眷寵懷徠之厚也。（此條鄭刻脫四十餘字。）

國清寺

國清寺。在西郊亭之西。相去三里許。長廊廣廈、喬松恠石、互相映帶。（鄭刻掩）景物清秀。側有石觀音、峭立崖下。頃人使所過道經國清寺門、其褐衣僧徒百十輩羣出觀之。

王城內外諸寺

興王寺。在國城之東南。維出長覇門二里許。前臨溪流。規模極大。其中有元豐間所賜夾紵佛像、元符中所賜藏經。兩壁有畫。王顒嘗語崇寧使者劉逵等云。此文王翊德山（謂徽也。○宋本作謂徽也無注。）遣使告神宗皇帝。模得相國寺。本國人得以瞻仰。上感皇恩。故至今寶惜也。稍西即洪圓寺。入長覇門。溪北爲崇化寺。前爲龍華寺。後隔一小山有彌陀慈氏二寺。然亦不甚完葺。崇教院在會賓門內。普濟、道日、金善三寺在太安門內。鼎足而峙。隔官道之北由嵩山。又有奉先彌勒二寺竝列。稍西即大佛寺也。王府之東北。與春宮相距不遠。有二寺。一曰法王。次曰印（鄭刻印。）經。由太和北門入則有龜山、玉輪二寺。乃適安和寺所由之途也。廣眞寺在將作監之東。普雲寺在長慶宮之南。自崇仁門出正東即洪護寺。又東北出安定門則有歸法、靈通二寺。唯順天館之北有小屋數十閒，榜曰順天寺。自人使至館一月。僧徒晝夜歌唄不絕。榜云以祈國信使副一行平善。蓋由衷之信。非一時矯僞也。又紫燕島有濟物寺。群山島有資福寺。殿與門廡之外亦無堂室。其徒三二人而止爾。凡此者以其屋宇隘陋且多故。略其圖而載其名焉。

崧山廟

崧山神祠在王府之北。自順天館出。至兵部直北。沿溪行。過龜山寺、福源觀。出北昌門行五里許。山路崎嶇。喬松森蔭。俯視城中。如指諸掌。其神本曰高山。國人相傳。祥符中契丹侵逼王城。神乃夜化松數萬作人語。虜疑有援即引去。後封其山爲崧。以祠奉其神也。民有災病施衣獻良馬以禱之。比者使至。六月二十六日丁未。遣官致祭。祠宇尙遠。唯至半山。設酒饌望而拜之。遵舊典也。

東神祠

東神祠，在宣仁門內。地稍平廣。殿宇卑陋。廊廡三十間。荒涼不葺。正殿榜曰東神聖母之堂。以帟幕蔽之，不令人見神像。蓋刻木作女人狀。或云乃夫餘妻河神女也，以其生朱蒙。爲高麗始祖。故祠之。舊例使者至，則遣官設奠，其牲牢酌獻，如禮崧山神式。

蛤窟龍祠

蛤窟龍祠，在急水門上隙。小屋數間，中有神像，舟行水淺不可近。惟舟師輩以小艇迎而祭之。頃者使至，彼設祭之。明日有一小蛇青色，咸謂神化，亦猶彭蠡順濟之顯異也，乃知神物無乎不在。朝廷威靈所格。雖蠻貊之邦行矣。

五龍廟

五龍廟，在群山島客館之西一峯上，舊有小屋，在其後數步，今新制。獨有兩楹一室而止。正面立壁繪五神像。舟人祠之甚嚴。又其西南大林中有小祠。人謂崧山神別廟云。

宣和奉使高麗圖經卷第十七

宣和奉使高麗圖經卷第十八

道教

臣聞。高麗地濱東海。當與道山仙島相距不遠。其民非不知向慕長生久視之教。第中原前此多事征討。無以清淨無爲之道化之者。唐祚之興。尊事混元始祖。故武德間。高麗遣使。丐請道士至彼、講五千文、開釋玄微。高祖神堯奇之。悉從其請。自是之後。始崇道教。踰於釋典矣。大觀庚寅。天子眷彼遐方願聞妙道。因遣信使。以羽流二人從行。遴擇通達教法者。以訓導之。王俁篤於信仰。政和中始立福源觀。以奉高眞道士十餘人。然晝處齋宮。夜歸私室。後因言官論列。稍加法禁。或聞俁享國日常有意授道家之籙。期以易胡教。其志未遂。若有所待然。

道士

道士之服。不以羽衣。用白布爲裘。皁巾四帶。比之民俗。特其袖少褒裕而已

釋氏

浮圖之敎。始出天竺。遂傳四夷。其法崇（○宋本作深。）盛。高麗雖在海東。聞自清涼法眼一枝東渡之後。僧徒頗知性理。嘗於普濟寺僧堂。見其揭榜示衆。大略云。「言不足以載道久矣。大千經卷皆藥病之說。正法眼藏無所付囑。世尊於是擧花而示。有微笑者。至於子孫言辯相示。謂之談禪。無乃妄乎。靈山之會。唯一迦葉。其可容易期於衆人。昔人猶愛存羊。而禮之大義不忘。又況言說之筌。足以得其意哉。抑聞之。說詩者貴在以意逆志。吾宗亦然。蓋言以索意。意之所隨不可以言傳。則亦在乎默而識之。尙何數數於文言之末乎」

觀此數百言。深契宗旨、佛像供具、皆悉脩潔。幡華繒蓋。行列有序。大經則有華嚴般若。小者不可悉數。亦有本緇自中國能爲華言者。嘗令誦之、歷歷可聽。至其梵唄、則又缺舌。不復可辨矣。其鐃鈸形制小而聲悲。〇宋本作愁。至其螺聲則洪大如號焉。先是元豐閒、上節使臣宋密歿於紫燕島。自後使至必於濟物寺飯僧致祭。上節以次羅拜墓下。比者銜命至彼。亦襲前例。雖存歿恩義理固宜爾、然人心初到異邦。遠懷鄉國、遽覩客殯。無不霑灑。蓋出使絕域。惟逐野爲難。海洋阻隔。危險萬態、得獲全濟。復命於朝。豈不幸歟。自非倚仗王靈。則其不葬於蛟蜃之腹者幾希、豈釋氏專能持護哉。今圖其衣服制度、以考同異云。

國師

國師之稱。蓋如中國之有僧職綱維也。其上一等謂之王師。王見則拜之。皆服出水衲袈裟。長袖偏衫。金跋遮下。有紫裳烏革鈴〇宋本作鞋。履。人物衣服雖略與中華同。但麗人大抵首無枕骨。以僧祝髮乃見之。頗可駭訝。晉史謂。三韓之人初生子。便以石壓其頭令扁。非也。蓋由種類資稟而然。未必因石而扁。

三重和尚大師

三種和尚長老。鄭刻光。律師之類也。服紫黃貼相鄭刻廂。福田袈裟。長袖偏衫。下亦紫裳。位在國師之下。講說經綸。傳習性宗。擇聰慧辯博者爲之。

阿闍黎大德

阿闍黎大德。位降三重和尚一等。分隸教門職事。其服短袖偏衫。壞色挂衣。五條下有黃裳。國師三重不過數人。而阿闍黎一等人數極衆。未究厥旨。

沙彌比丘

沙彌比丘。自幼〇宋本作初。出家。未經受具。壞色布衣。亦無貼相。鄭刻䘳戒律旣高。方易紫服。以第遷升。乃有衲衣。盖高麗僧唯以磨衲爲最重耳。

在家和尙

在家和尙。不服袈裟。不持戒律。白紵窄衣。束腰皁帛。徒跣以行。間有穿履者。自爲居室。娶婦鞠子。其於公上。負載器用。掃除道路。開治溝洫。脩築城室。悉以從事。邊鄙有警。則團結而出。雖不閑於馳逐。然頗壯勇。其趨軍旅之事。則人自裹糧。故國用不費而能戰也。聞中間契丹爲麗人所敗。正賴此輩。其實刑餘之役人。夷人以其髡削鬚髮。而名和尙耳。

宣和奉使高麗圖經卷第十八

宣和奉使高麗圖經 卷第十九

民庶

臣聞高麗地封未廣。生齒已衆、四民之業以儒爲貴、故其國以不知書爲恥。山林居（鄭刻衆、宋本作至。）○多。地鮮平曠。故耕作之農不迨工技。州郡土産悉歸公上。商賈不遠行。惟日中則赴都市。各以其所有易其所無。熙熙如也。然其爲人寡恩好色。泛愛重財。男女婚娶。輕合易離。不法典禮。良可哂也、今繪其國民庶、而以進士冠於篇。

進士

進士之名不一、王城之內曰土貢。郡邑曰鄕貢。萃於國子監合試。幾四百人、然後王親試之、以詩賦論。三題中格者官之。自政和間遣學生金端等入朝。蒙恩賜科第、自是取士間以經術時務策。較其程試優劣。以爲高下。故今業儒者尤多。蓋有所向慕而然耳。其服四帶文羅巾。皁細爲裘。黑帶革履。預貢則加帽。登第則給青蓋。僕馬遨遊城中。以爲榮觀也。

農商

農商之民。農無貧富。商無遠近。其服皆以白紵爲袍。烏巾四帶。惟以布之精粗爲別。國官貴人退食私家。則亦服之。惟頭巾以兩帶爲辨。閒亦徒行通衢。吏民見者避之。

工技

高麗工技至巧。其絕藝悉歸於公。如幞頭所將作監乃其所也。常服白紵袍皁巾。惟執役趨事則官給紫袍。亦聞契丹降虜數萬人。其工技十有一。擇其精巧者留於王府。比年器服益工。第浮僞頗多。不復前日純質耳。

民長

民長之稱，如鄉兵保伍之長也。即民中選富足者爲之。其聚落大事則赴官府，小事則屬之。故隨所在細民頗尊事焉。其服文羅爲巾，阜紬爲裘，黑角束帶，烏革句履，亦與未預貢進士服飾相似也。

舟人

高麗頭巾，惟是重文羅。一巾之價，準米一石。細民無貲可得，復恥露頭與罪囚無別。故作竹冠以冠之。或方或圓。初無定制。短褐被體，下無袴襦。每舟十餘人。夜則鳴榔鼓枻，謳歌互答，嘵嘵如鵝鶩群鳴。略無聲律情義。蓋其俗然也。

宣和奉使高麗圖經卷第十九

宣和奉使高麗圖經 卷第二十

婦人

臣聞。三韓衣服之制。不聞染色。惟以花文爲禁。故有御史稽察民服。文羅花綾者斷罪罰物。民庶遵守。不敢慢令。舊俗女子之服。白紵黃裳。上自公族貴家下及民庶妻妾。一概無辨。頃歲貢使趨闕。獲朝廷賜予十等冠服。遂以從化。今王府與國相家。頗有華風。更遲以歲月。當如草偃矣。今姑摭其異於中國者圖之。

貴婦

婦人之飾不喜鄭刻善。塗澤。施粉無朱。柳眉半額。皁羅蒙首。製以三幅。幅長八尺。自項垂下。惟露面目。餘悉委地。白紵爲袍。略如男子。製文綾寬袴。裏以生絹。鄭刻綃。欲其褒裕不使着體。橄欖勒巾。加以采條金鐸。佩錦香囊。以多爲貴。富家藉以大席。侍婢傍列。各執巾瓶。雖盛暑不以爲苦也。秋冬之裳。閒用黃絹。或深或淺。公卿大夫之妻、士民游女。其服無別。或云王妃夫人以紅爲尚。益加繪繡。國官庶民不敢用也。

婢妾

宮府有媵。國官有妾。民庶之妻、雜役之婢。服飾相類。以其執事服勤故。蒙首不下垂。疊於其頂。摳衣而行。手雖執扇羞見手爪。多以絳囊蔽之。

賤使

婦人之髻。貴賤一等。垂於右肩。餘髮被下。束以絳羅。貫（鄭刻竪。）以小簪。細民之家特無蒙首之物。蓋其直準白金一斤。力所不及。非有禁也。亦服旋裙。製以八幅。插腋高繫。重疊無數。以多爲尚。其富貴家妻妾。製裙有累至七八匹者。尤可笑也。崇寧間從臣劉逵吳栻等奉使至彼。值七夕。會館伴使柳伸顧作樂女倡。謂使副曰。本國梳得頭髮慢。必是古來墜馬髻。逵等答云。墜馬髻乃東漢梁冀妻孫壽所爲。似不足法。伸等唯唯。然至今仍貫不改。豈自其舊俗椎髻而然耶。

貴女 鄭刻缺此標目。玩文義。第一行之前尚有闕文。

蠻夷之服雖略相類。亦無定制。人使初入城。夾道樓觀間。時見凭欄。有此一等女子。纔十餘歲。當是未嫁之人。亦不披髮。而黃衣又非暑服所宜。嘗試詰之。終不審諦。或云是王府小兒之服耳。

女子

民庶之家。女子未嫁。紅羅束髮。其餘被下。男子亦然。特易紅爲黑繩耳。

負

高麗法置官婢。世代相承。故自王府國官觀寺皆給之。其於執役。肩不勝任。負於背上。其行甚駛。雖男子不如也。

戴

負戴之役。其勞一等。水米飯（鄭刻未飲）歠并貯銅甖。不以肩舁。加於頂上。甖有二耳。一手扶持摳衣而行。背負其子。考之於經。斑白者不負戴於道路。以其用力良勞。非筋骨有加。蓋不能也。其子附之。所謂襁負其子而至歟。

宣和奉使高麗圖經　卷第二十

宣和奉使高麗圖經卷第二十一

皁隸

臣聞。諸蠻之國。雖題交趾。被髮文身。豺狼與居。麋鹿與游。豈復知張官置吏之法哉。唯高麗則不然。衣冠禮儀。(鄭刻義)君臣上下。燦然有文法以相接也。內置臺省院監。外置州府郡邑。設官分職。選吏任事。在上則舉其綱目。在下則任其繁劇。雖一國之事。簡而當理。追胥呼索。但片紙數字。民不敢失其期會也。故自中書給事中樞堂官以至夫民長。無敢怠豫。其國官吏遇諸途。必跪拜鞠恭。言事則膝行而前。上手低面。以聽奉之。自非久陶聖化。能若是乎。今自吏職以迄驅使。并列圖於左。

吏職

吏職之服，與庶官服色不異。但綠衣時有深淺。舊傳，高麗倣唐制衣碧。今詢之非也，蓋其國貧俗儉。一袍之費動準白金一斤，每經澣濯再染。色深如碧。非是別一等服也。然省府補吏。不限流品。貴家之子弟。時亦爲之。今此青服當是吏之世襲者耳。

散員

散員之服，紫羅穿衣。幞頭革履，如中華班直殿侍之類也。武臣子弟兵衛出職皆補之。每人使至，則捧盤授爵。執衣侍巾，皆用之。

人吏

人吏之稱，非比省府之職也，蓋倉廩司屬州縣出納金穀布帛之類。皁衣幞頭，烏革句履。時於街市稠人中見之。或云，趨官府則閒有易色衣者」

丁吏

丁吏。蓋丁壯之人。初置吏者也。舊說轉爲頂禮。蓋是語音訛謬。自此升補爲吏。由吏而後授官。自令官而下各給丁吏。以備使令。視官品而爲多寡之差。其常執事。則文羅頭巾。人使至則加幘。每貴臣從者一二人。惟伴官屈使從者。與使副所給。一等服飾耳。

房子

房子。使館之給役者也。每房自使副而下。以官品高下而爲之多寡。其服文羅頭巾。紫衣角帶皁履。蓋擇善供應者爲之。觀其守法謹甚。又善筆札。高麗俸祿至薄。唯給生菜蔬茹而已。常時亦罕食肉。每人使至。正當大暑。飲食臭惡。必推其餘與之。飲啗自如。而又以其餘歸遺於家。至禮畢出館。泣數行下。大抵麗人之於中國。其情加厚。故雖房子亦懷惓惓焉。

小親侍

小親侍。紫衣頭巾。復被其髮。蓋宮帷中所使小童也。王之貴戚與從臣時亦給之。麗人大率未娶者。皆裹巾而被髮於後。既娶而後束髮。其爲小親侍皆纔十餘歲。稍長則出宮焉。

驅使

驅使。與仙郎相類。大抵皆未娶之人。在貴家子弟則稱仙郎。故其衣或紗或羅。皆皁也。又有一等。縿袖烏巾。卽庶官小吏之奴。名驅使者也。

宣和奉使高麗圖經卷第二十一

宣和奉使高麗圖經 卷第二十二

雜俗一

臣聞。王制曰。廣谷大川異制。民生其閒異俗。夫所謂廣谷大川。固未必遐方絕域。盖特其中國之地。川俗或殊。則習俗各異。有不可得而同者。又況蠻夷之限在海外。其習俗豈一端哉。高麗於諸夷中。號爲文物禮義之邦。其飲食用俎豆。文字合楷隸。授受拜跪。恭肅謹愿。有足尙者。然其實汚僻澆薄。尨雜夷風。終未可革也。冠婚喪祭鮮克由禮。若男子巾幘。雖稍倣唐制。而婦人鬌髻下垂。尙宛然鬠首辮髮之態。貴人仕族。婚嫁略用娉幣。至民庶惟以酒米通好而已。又富家娶妻至三四人。小不相合輒離去。產子居別室。其疾病雖至親不視藥。至死殮不拊棺。雖王與貴胄亦然。若貧人無葬具。則露置中野。不封不植。委螻蟻烏鳶食之。衆不以爲非。淫祀詔祭好浮屠。宗廟之祠參以桑門。歌唄其間。加以言語不通。貪饕行賂。行喜奔走。立則多拱手於背。婦人僧尼皆作男子拜。此則大可駭者。至於瑣碎不經。又未易以一二數。今姑總其耳目所聞見者圖之。并以土產資養之物附於后。

庭燎

麗俗尙夜飮。而祇侍使人尤謹。每宴罷常侵夜分。自山島州縣郡郊亭館。（鄭刻云。自山島州郡郊亭館舍。）皆於庭中（○宋本有以字）束芟明燎。以散員執之。使者歸館則羅列在前。相比而行。

秉燭

王府公會。舊不燃燭。比稍稍能造。大者如椽。小者亦長及二尺。然終不甚明快。會慶乾德之燕。庭（鄭刻筵。宋本作延）○中設紅紗燭籠。用綠衣人搢笏執之。問之云。是新入仕之人。舊記謂初登第者。今知未必皆一等流品也。

挈壺

挈壺之職名實近古。逐刻以擊鼓爲節。中庭立表以揭牌。每時正則一紫衣吏捧牌立於左。一綠衣人致躬。報曰某時。然後搢笏詣表。易牌而退。

鄉飲 鄭刻脫此條

麗俗重酒醴。公會、惟王府與國官。有牀桌盤饌。餘官吏士民惟坐榻而已。東漢惟豫章太守陳蕃特爲徐稚設一榻。則知前古亦有此禮。今麗人於榻上復加小俎。器皿用銅。鱐腊魚菜。雖雜然前進、而不豐腆。酒行亦無節。以多爲勤。每榻只可客二人。若會賓客多。則隨數增榻。各相向而坐。國中少麥皆國人販自京東道來。故麪價頗貴。非盛禮不用。在食品中亦有禁絕者。此又可哂也。

治事（鄭刻脫此條）

麗政尙簡。訟牒略而不文。官府治事坐不據桉。但登榻指呼而已。吏捧案牘、跪陳於前。上手聽奉。卽時批決了。無稽留。已事則棄。（○宋本有之字）不設架閣。惟國朝詔命信使書。則王府有庫寶藏。以爲備檢之具。其饋食奉盥。則俯首膝行。高拱手而奉之。威儀甚恭。夫夷狄而能然。是可嘉也。（其饋食云云。與上文氣不屬。以別一條之尾、誤接於此。否則迺接前吏捧案牘跪陳於前。二句斷續書之耳。姑仍其舊以俟考定。）

答禮（鄭刻脫此條）

麗俗官吏兵卒分守雖嚴。而起居之禮。間有不事邊幅。凡國相從官。與其所轄往來相値。必肅容起立。餘官無統轄者。吏卒久不相見。雖通衢宮庭中必拜之。而在官者亦俛而後興。如答拜。盖禮人不答、反其敬。禮失則求諸野。略可見矣。

給使 鄭刻脫此條

給使之賤。視官品而爲多寡之數。國相、丁吏四人、驅使三十人。令官倍之。前有青蓋。持之在數十步外。乘馬許二人控馭。自是而降。前不張蓋。控馬不許用二人。民庶乘馬。惟自執鞭馭而已。丁吏多前驅。給使執巾瓶從物後隨。列卿而上、丁吏三人、驅使二十人。正郎、丁吏二人、驅使十五人。員外以上、丁吏一人、驅使十人。初品。共給三人。皆官奴隷也。世代相承爲之。

女騎

婦人出入亦給僕馬。盖亦公卿貴人之妻也。從馭不過三數人。皁羅蒙首。餘被馬上復加笠焉。王妃夫人惟以紅爲飾。亦無車輿也。昔唐武德正觀中宮人騎馬多。着羃䍦而全身蔽障。今觀麗俗蒙首之制。豈羃䍦之遺法歟。

宣和奉使高麗圖經 卷第二十二

宣和奉使高麗圖經 卷第二十三

雜俗二

澣濯

舊史載。高麗其俗皆潔淨。至今猶然。每笑中國人多垢膩。故晨起必先沐浴而後出戶。夏月日再浴。多在溪流中。男女無別。悉委衣冠於岸。而沿流褻露。不以爲怪。浣濯衣服。湅涗絲麻。皆婦女從事。雖晝夜服勤不敢告勞。鑿井汲水。多近川爲之。上作鹿盧。輸水於槽。槽形頗如舟云。

種藝

國封地瀕東海。多大山深谷。崎嶇嵒崒、而少平地。故治田多於山閒。因其高下耕墾甚力。遠望如梯磴。然其俗不敢有私田。略如丘井之制。隨官吏民兵秩序高下而授之。國母王妃世子王女而下。皆有湯沐田。每一百五十步爲一結。民年八歲。投狀射田。結數有差。而國官以下、兵吏驅使進士工技、無事則服田。惟邊戍則給米。其地宜黃粱黑黍寒粟胡麻二麥。其米有秔而無稬。粒特大而味甘。牛工農具大同小異。略而不載。

漁

國俗有羊豕。非王公貴人不食。細民多食海品。故有鰌鰒蚌珠母蝦王文蛤紫蠏蠣房龜脚。以至海藻昆布。貴賤通嗜。多勝食氣然而臭腥味醎。久亦可厭也。海人每至潮落。矴舟島嶼而捕魚。然不善結網。但以疏布漉之。用力多而見功寡。惟蠣蛤之屬潮落不能去。人掇拾盡力取之、不竭也。

樵

樵人初無事業。惟事隙則隨少長之力、於城外山取之。蓋傍城之山、於陰陽有忌。不許采斫。故其中多巨木合抱青蔭可愛。使者舍於館、以至登舟。皆有司供給。以備炊煮。不善用肩。惟以背負而行。

刻記

麗俗無籌算。官吏出納金帛。計吏以片木持刃而刻之。每記一物、則刻一痕。已事則棄而不用。不復留以待稽考。其政甚簡。亦古結繩之遺意也。

屠宰

夷政甚仁。好佛戒殺。故非國王相臣不食羊豕。亦不善屠宰。惟使者至。則前期蓄之。及期將用。縛四足投烈火中。候其命絕毛落。以水灌之。若復活則以杖擊死。然後剖腹腸胃。盡斷糞穢流注。雖作羹炙而臭惡不絕。其拙有如此者。

施水

王城長廊每十閒。張帟幕設佛像。置大瓮貯白米。漿復有杯杓之屬。恣往來之人飲之。無問貴賤。而以僧徒主其事。

土產

高麗依山瞰海。地瘠而磽然。而有稼穡之種。麻枲之利。牛羊畜產之宜。海物唯錯之美。廣楊永三州多大松。松有二種。唯五葉者乃結實。羅州道亦有之。不若三州之富。方其始生謂之松房。狀如木瓜。青潤緻密。至得霜乃拆。其實始成而房乃作紫色。國俗雖果肴羹胾亦用之。不可多食。令人嘔吐不已。人蔘之榦。特生在在有之。春州者最良。亦有生熟二等。生者色白而虛。入藥則味全。然而涉夏則損蠹。不若經湯釜而熟者可久留。舊傳。形匾者。謂麗人以石壓去汁作煎。今詢之非也。乃蔘之熟者積垛而致爾。其作煎當自有法也。館中日供食菜。亦謂之沙參。形大而脆美。非藥中所宜用。又其地宜松而有茯苓。山深而產。硫黃羅州道出。白附子黃漆皆土貢也。其國自種紵麻。人多衣布。絕品者謂之絕。（疑絁字之僞。鄭刻同、○宋本作絁、）潔白如玉而窘邊幅。王與貴臣皆衣之。不善蠶桑。其絲綫織紝。皆仰賈人。自山東閩浙來。頗善織文羅花綾緊絲錦罽。邇來北虜降卒工技甚衆。故益奇巧。染色又（鄭刻大）勝於前日。地少金銀而多銅器。用漆作不甚工。而螺鈿之子。（疑工字之僞。鄭刻同。○宋本作工。）細密可貴。松烟墨貴猛州者。然色昏而膠少。仍多沙石。黃毫筆軟弱不可書。舊傳爲猩猩毛。未必然也。紙不全用楮。間以藤造。槌擣皆滑膩。高下數等。其果實。栗大如桃。甘美可愛。舊記謂。夏月亦有之。嘗問其故。乃盛以陶器埋土中。故經歲不損。六月亦有含桃。味酸如酢。榛榧極（鄭刻最）多云。倭國者。亦有來禽、青李、瓜、桃、梨、棗。味薄而形小。至於蓮根、花房皆不敢擷。國人謂其爲佛足所乘云。

宣和奉使高麗圖經卷第二十三

宣和奉使高麗圖經卷第二十四

節仗

臣聞。春秋之法。王人雖微。序在諸侯之上。蓋尊王命也。然當是時。周室紀綱圮壞。諸侯强大。有輕之之心。孔子託空言。以爲天下後世臣子法。尙諄諄如此。矧太平盛際。親遣王人。遠使外國。則彼之尊奉之禮。豈敢少懈哉。恭惟宋有天下垂二百年。干戈浸偃。夷裔君長。不待詔告。而信順之誠。堅若金石。蓋自容成氏以來。未有太平如此之盛。宜乎。諸侯推尊王人。而禮文繁縟也。比年使命每至麗國。聞其備竭儀物之華、兵衞之衆。以迓詔書以導旌節。禮甚勤至。然是行也。適在王俁衣制未終。其鼓吹之類。皆執而不作。亦可謂知禮也已。

初神旗隊

神舟既抵禮成港，下矴訖。麗人具采舟來迎，使者奉詔書登岸。三節步從，入碧瀾亭。奉安詔書訖，退休於所舍，明日質明，都轄提轄官，對捧詔書入采輿。兵仗前導，諸仗之中，神旗為先，自西郊亭預建於館前。候詔書至，與餘仗相接，導衛入城。旗列十面，車載而行，每乘十餘人。自是之後，受詔拜表，則皆設於兵仗前也，青衣龍虎軍。鎧甲戈矛，幾及萬卒，分為兩序，夾道而行。

次騎兵

神旗之次有錦衣龍虎親衛，旗頭一名，騎而前驅。執小紅旆鄭刻旗。其次則領兵上將軍，其次則領軍郎將，皆騎兵也，持弓矢佩劍。飾馬之具皆有鑾聲，馳驟甚亟。頗自矜耀。

次鐃鼓

騎兵之次鳴笳之軍次之。鐃鼓之軍又次之。每百餘步鳴笳軍必却行。面詔輿而合吹。聲止則擊鐃鼓爲之節。

次千牛衞

鼓角之次郎有儀物。貫革鐙杖。千牛軍衞執之。相比而行。

次金吾衞

千牛衞之後。金吾仗衞軍次之。執黃幡豹尾儀戟華蓋。差間而行。

次百戲

金吾仗衞之後。百戲小兒次之。服飾之類略同華風。

次樂部

歌工樂色亦有三等之服。而所持之器間有小異。其行在小兒隊之後。比使者至彼。會倶衣制未除。故樂部皆執其器而不作。特以奉詔命。不敢不設也。

次禮物

禮物之匣大小不一。其面標題所賜之物名件。而皇帝信寶封之。麗人尊奉寵眷。乃盛以要舁。而罩以黃帕。每乘用控鶴軍四人。服紫繡花袍。上折脚幞頭。其行在樂部之次。

次詔輿

采輿之設。繢繡錦綺五色間錯。制作華巧。前一輿安大金爐。次奉詔書幷祭王俁文。次奉御書。亦以控鶴軍捧之。拜表歸館則不用其中一輿耳。

次充代下節

國朝故事。奉使高麗下節皆卒伍。比歲稍許命官士人。藝術工技以代其選。今使者之行也。人人仰體聖上懷徠之意。願爲執鞭。以觀異域之俗。又況陛辭之日。面奉聖語丁寧宣諭。人皆感泣。而不以海洋之生死爲憂也。故有若成忠郎周通、承信郎趙漑、登仕郎熊樗年、尹京、文學江大亨、李訓、唐浚、翰林醫學楊寅。進士有若晁正之、徐亨、黃大本、葉彥貢、石(鄭刻王)懌、陳興祖、陶挺、孟徽、高伯益、李銳、崔世美、顧大範、金安止、王居仁、劉緝熙。副尉則有李暉、王澤、呂漸、徐珙、徐可言、施祐鍾、禹功。省府寺監胥吏則有若董琪、牛敏年、郯(鄭刻鄭)恭、陳佐、楊大同、楊澳、劉宗武、孫洵、王祐、尹公立、孫琬、曺裕、王伯全、陳惟漑、王道深、楊革、張雩桂、林范、敏尤、舒障、鄒琮志、張若朴、范寧之、朱彥康、劉棨、胡允升、周郁、剡伯成。其服紫羅窄衫。烏紗帽。塗金双鹿帶。分爲兩序。從詔輿而行。

次宣武下節

宣武下軍明州土兵共五十人。服飾與充代不異。但褰裳而行。使錦纈彰施耳。使者初出都門。降賜塗金器皿從物。再出節卽供給之人各執於前。粲采奪目。以示榮耀於外國焉。

次使副

國信使副從詔書入城。副〔○宋本作到〕公會。皆二馬齊驅。其服紫衣御仙花金帶。仍佩金魚。高麗伴使騎馬在副使之右數步。相比而行。屈使〔鄭刻闕使。案屈使凡再見。未知孰是。〕又次之。

次上節

上節都轄武翊〔鄭刻翼〕大夫忠州刺史兼閤門宣贊舍人吳德休。其服紫衣金帶。行馬在正使之後。提轄朝奉大夫徐兢。緋衣佩魚。行馬在副使〔鄭刻闕使〕之後。法籙道官太虛大夫蘂珠殿校籍黄大中、碧虛郎凝神殿校籍陳應常。紫衣青襈。佩金方符。書狀官宣教郎滕茂實、崔嗣道。如提轄官之服。隨船都巡檢吳敞、指使兼巡檢路允升、路逵、傅叔承、許興文、管勾舟船王覺民、黄處仁、葛成仲、舒紹弼、賈垣、語錄指使劉昭慶、武恍、楊明、醫官李安仁、郝洙、書狀使臣馬俊明、李公亮、其服紫衣塗金御仙花帶。引接荊珣、孫嗣興、服綠。各以官序行馬。從詔書入城。其侍使副行。則戴席帽而執鞭。專遣行禮。則亦張青蓋。彼國自有件官。相陪。多以引進官爲之。

終中節

中節。管勾禮物官承直郎朱明發、承信郎婁澤、范旼、迪功郎崔嗣仁、劉璹、將仕郎吳（太上御名○構）。行遣迪功郎汪忱、進士王處仁、占候風雲官承信郎董之邵、王元、書符禁呪張洵仁、技術郭範、（○宋本作範）司馬璀、使副親隨徐閎、張皓、李機、許興古、親從官王瑾、魯蹲、宣武十將充代趙祐、正名程政、都轄親隨人吏王嘉賓、王仔。其服幞頭紫窄衣。塗金寶瓶帶。其行馬在上節之次。

宣和奉使高麗圖經卷第二十四

宣和奉使高麗圖經卷第二十五

受詔

臣聞。周使宰孔、賜齊侯胙。將下拜。孔曰。且有後命。天子以伯舅耋老、加勞賜一級。無下拜。對曰。天威不違顏咫尺。小白余敢貪天子之命。恐損越於下、以遺天子羞。敢不下拜。下拜登受。夫周室之衰。禮去其籍。僅有存者。齊侯雖伯。不敢廢禮。今天子威靈所被。虒疊海表。而綏懷之意。情文腆縟。是宜麗人恪恭明命。如瞻天表。不敢少怠以虞隕越。今圖其趨事執禮之勤以備觀考。

迎詔

使副奉詔入順天館。十日內卜吉。王乃受詔。前期一日。先遣說儀官與使副相見。吹日遣屈(鄭刻闕)使一員至館。都轄提轄官對捧詔。

入采輿內。儀仗兵甲迎導前行。使副館伴屈(鄭剡咽)使同上馬。下節在其前步行。上中節騎馬後隨。國官先於館門外排立。候詔書出館。當道再拜訖。乘馬前導至王府。入廣化門。次入左同德門。至昇平門外。上中節下馬。引接指使等馬前步行。上節後從。入神鳳門。至閶闔門外。使副下馬。國王與國官以次迎詔。再拜訖。采輿入止會慶殿門外。

導詔

采輿既入止會慶殿門外。都轄提轄官自輿中捧詔出。奉安於幕位。使副少憩。國王復降門下。西嚮立。使副與國王並行。導入中門。上節禮物等分兩序、入會慶殿下。以俟國王受詔。

拜詔

國王導詔入會慶殿。廷下設香案、面西立。使副位北上、面南立。上節官以次序立於使副之後。國官立班於王之後。王再拜躬問聖體。乃復位舞蹈再拜已。國官舞拜如王之儀。國信使稱有敕。國王再拜起。躬聽口宣。乃搢笏跪。副使以詔授使。使以詔授王。詔曰「高麗國王王楷。遜聞嗣國、甫謹脩方。諒惟善繼之初。克懋統承之望。遽經變故。深劇傷摧。肆遣命使之華。往諭象賢之寵。載蕃賚予。俾示哀榮。宜祇服於王靈。用永遵於侯度。今差通議大夫守尚書禮部侍郎元城縣開國男食邑三百戶路允迪、太中大夫中書舍人清河縣開國伯食邑九百戶傅墨卿。充國信使副。賜卿國信禮物等。具如別錄。至可領也。故玆詔示。想宜知悉。春暄卿比平安好。遣書指不多及」。王受詔乃授國官。出笏舞蹈。如初之儀。國官亦如之。

起居

使副既導詔至於廷。王再拜興避席。躬問聖體。使亦避席躬答曰。

近離闕下。皇帝聖躬萬福。各復位。拜舞如受詔之儀。先是自全抵廣凡三州牧。問聖體如王之儀。至其接送館伴官相見。亦如之。

祭奠

壬寅春二月。使副被旨。以國信使事行。夏四月。聞俁薨。兼以祭奠弔慰。遵元豐制也。癸卯六月十三日甲午。使副到館。王既受詔。越二日。王先遣人告辦都轄吳德休。往啓建佛事。次日。提轄官徐兢。押所賜祭奠禮物。陳列於前。至日質明。使副與三節官吏、奉詔與至長慶宮。三節休於次。使副易帶以烏犀仍去。式候時至。入祭室。王楷素服立於東楹。使副再拜興。使跪宣御製祭文。曰維宣和五年歲次癸卯三月甲寅朔十四日丁卯。皇帝遣使通議大夫守尚書禮部侍郎元城縣開國男食邑三百戶路允迪、太中大夫中書舍人淸河縣開國伯食邑九百戶傅墨卿。致祭於高麗國王之靈。

惟王躬有一德。嗣玆東土，孝友肅恭。惠迪神民，克紹於前文人四國是式，而忠誠夙著。義篤勤王。旅貢在廷。服命惟謹，朕惟王外介海隅，而能知役志於享，乃心罔不在王室。嘉乃丕績。眷顧不忘，方將洊飭，使人往諭朕志。樂鎭撫於爾邦。孰謂天不憖遺，遽聞大故，邦國殄瘁。震悼於懷，今錫爾恤典。用襃乃顯德，以輯寧爾邦，尙其來止。歆我寵靈。永埀祐於爾後人，服休無斁。尙饗」

弔慰

是日祭奠禮畢少退，乃行弔慰禮，先於廷中設香案。西望天闕。王楷素服面西立。使位南面西上。副使又次之，副使以詔授使。使以詔授王。王磬折鞠躬，再拜跪受之。詔曰「高麗國王王楷。惟爾先王祇（今上御名○愼）明德。宜綏厥位。毗予一人，天命難諶。遽以訃諗緬，惟永嘉諒（○宋本作慕）劇傷摧。纂嗣之初，踐脩是屬，勉思抑割，用副眷懷。今差國信使通議大夫守尚書禮部侍郎元城縣開國男食邑三百戶路允迪副使太中大夫中書舍人清河縣開國伯食邑九百戶傅墨卿。兼祭奠弔慰幷賜祭弔慰禮物等。具如別錄。至可領也。故茲詔示。想宜知悉。春暄。卿比平安好。遣書指不多及。

宣和奉使高麗圖經卷第二十五

宣和奉使高麗圖經卷第二十六

燕禮

臣聞。先王燕饗之禮。以其爵等、而爲隆殺之節。其酌獻有數，其酬酢有儀。本朝講之詳矣。師古便今不失先王之意。而高麗之制，執爵酌醴，郄行而前。所以薦賓客。乃有古人之遺風。諒其加厚於使華。以尊王人。施於其國者。未必概如此也。具載於圖。以志其向慕中國之意。

私覿

王既受詔已。王與使副、少休於次。王位東。使副位西。贊者以使副起居狀告於王。王遣介復命。引接官分左右。引王與使副。出立於會慶廷中。對揖訖升殿。王立於東楹。使副立於西楹。各設褥位。王與使相向再拜訖。各致躬稍前。通問訖。復再拜。使少退。副使立於使位。與王對拜如初禮。各復位。然後分立於所占之席。立於其側。上節官、通榜子參。都轄、提轄以下不拜。止躬揖王。王亦躬答之。退立於東廊。次引中節庭下參。四拜。王稍躬還揖訖。退立於西廊。王與使副就席坐。上中節亦然。次引下節亦舟人。亦廷下六拜。坐於門之東西。分兩序、北面東上。然後酒行。其獻酬之禮則見於別篇云。〇宋本作也。

燕飲 〇宋本作儀

燕飲之禮。供帳帟幕之屬。悉皆光麗。堂上施錦茵。兩（鄭刻西）廊籍以緣（鄭刻緣）席。其酒味甘色重。不能醉人。果蔬豐腆。多去皮核。肴饌雖有羊豕。而海錯勝之。卓面覆以紙。取其潔也。器皿多以塗金或以銀。而以青陶器爲貴。獻酬之儀。賓主百拜。不敢廢禮。自令官國相尙書以上。立於殿之東榮。在王之後。餘官以文武、分東西兩序、立於庭中。中立一表以著時刻。旁列綠衣人。搢笏執絳燭籠。立於百官之前。復令衞軍各執儀物。立於其後。麗人奉王甚嚴。每燕樂（鄭刻飲）行禮。所列官吏兵衞。雖烈日驟雨。山立不動。亦未嘗改容。其恭肅亦可尙云。

獻酬

王與使副既就席坐。王遣介告使副曰。欲親起酌酒爲勸。使者固（鄭刻同）辭至於再三。乃從之。各避席起立。對揖訖。執事者以使爵至王前。王跪執尊以酌。使者郄行而前。使亦跪受爵訖。復以爵授執事者。各復位。坐既定。飲訖起。躬身對揖。略敘謝意。王又親酌副使酒。如使之禮。使副既受王獻畢。復親酌酒以酢王如初禮。酒三行乃如常儀。酒十五行乃中休於次。少頃再就坐。自使副而下、送襲衣金錦帶各有差。酒再十餘行。夜分乃罷。王送使副出於殿門外。三節人以序行馬歸館。

上節席

上節之席西面北上。器用塗金。禮如使副差殺。而王不親酌。惟遣尙書郎或卿監代之。先以其禮告於王。王可其言。再拜而退。乃言於使人曰。主遣某官勸上節酒。都轄提轄而下。躬身答之。初坐再勸。晚燕再就位。至於三勸。皆易巨觥。酒盡乃退。所遣官復再拜王於殿庭而退。

中節席

中節之席。東面北上。與上節相向。其果肴器皿又降上節一等。其遣官勸酒。略如上節之儀。

下節席

下節之席在殿門之內。北面東上。其席不施牀卓。惟以小俎藉地而坐。器皿用白金。果肴簡略。而酒行之數差踈、視中節又降殺數倍耳。

館會

使者旣入館。王遣官辦燕。謂之拂塵會。自是之後五日一會。遇節序稍加禮焉。使副居其中。自分左右位。國官伴筵與官伴、分東西居客位。都轄提轄以下、分坐於東西序。中下節以次坐於兩廊。酒止十五行。夜分而罷。庭中不施燭籠。惟設明燎而已。又有過位之禮。館伴以書延使副於其位。如燕之禮。三節不偕往。惟從行。引接指使之屬。以備使令。其後數日。使副延館伴官於所館之樂賓亭。用行庖之人。而果肴器皿。皆御府所給。四筵列寶玩、古器、法書、名畫、異香、奇茗。瑰瑋萬狀。精采奪目。麗人莫不驚歎。酒闌隨所好恣其所欲。取而予之。

拜表

使者宣命禮畢。乃以書告行、欲赴天寧節上壽之意。王遣介致書懇留。使者固辭。王卜日持書。告以拜附表、章。至日使副率三節入至王府。王迎揖至會慶殿。庭中設案列褥。位如受詔之儀。王望闕再拜訖。搢笏跪。執事以表授王。王奉表郄行、奉於使。使跪受訖。以表授副使。置表於引接官。然後就席。至會罷。乃以表匣置采輿中。兵仗引導前行、歸館。

門餞

拜表宴罷。乃於神鳳門張帟幕。設賓主之位。王與使副酌別訖。立於席之側。先引上節立於前。王親酌別酒巨觥。致辭而退。次引中節立於阼階。下節立於階下勸酒。如上節之禮。退出門外。候使副上馬。三節以次從行、歸館。

西郊送行

使副回程。是日早發順天館。未開抵西郊亭。王遣國相具酒饌於其中。上中節位於東西廊、下節位於門外。酒十五行乃罷。使副與館伴立馬於門外叙別、館伴就馬上親酌以勸使者。飲畢各分袂。先是與接送伴官到館卽相別、及回程於此復與之相陪、以迄群山島放洋也。

宣和奉使高麗圖經 卷第二十六

宣和奉使高麗圖經 卷第二十七

館舍

臣聞，子產相鄭伯，如晉。晉以魯喪未之見也，子產使盡壞其館之垣，納車馬焉。晉人誚之，對曰。文公之爲盟主也。宮室卑庳，無觀臺榭，以崇大諸侯之館館如公寢。庫廐繕修。車馬有取。賓僕有待，賓至如歸。晉有愧，辭謝不敏焉。然則諸侯之國。所以待四方賓客者。尙以授館爲先。況外夷蕃服之於王人乎。惟麗人恭順有素。而朝廷綏撫有體，故其建立使館。制度華侈。有逾王居。臣嘉之。作館舍圖。（鄭刻脫此條。）

順天館

使副既奉詔，入城之宣義門，直北行三里許，至京市司，又轉北行五里許、至廣化門。復轉西行二里、過一崗甚峻。稍向北行一里、即至順天館也。外門有榜。中門靑繡衣龍虎軍守之。惟作上中節上下馬之處。正廳九楹。規模壯偉。工制過於王居。外廊三十間。不置他物。惟館會則列中下節飲席焉。庭中有二小亭。當其中作幕屋三間。昔爲作樂之地。今以王俁衣制未除、不復見。廳之後有過道。中建樂賓亭。左右翼兩位、以爲使副居室。內廊各十二位、上節分處之。西位之南爲館伴官位。其北以奉詔書。兩序以居道官。東位有堂、爲都轄提轄位。又東爲書狀官位。亦有廊屋甚廣。中下節以次。舟人居之。以北爲上。使副而下各給房子。以備使令。東位之南、當其中、爲清風閣。西位之北、依山勢、爲香林亭。皆開軒對山。清流環繞。喬松名卉。丹碧交陰。供帳器皿。無一不備。先是王徽建此以爲別宮。自元豐朝貢之後。無以待中朝人使。故改爲館、而以順天名之。鄭刻脫此條。

館廳 鄭刻脫標題

正廳五間。兩厦各二間。不設牕戶。通爲九楹。鄭刻脫上十七字。以榜曰順天之館。東西兩階皆施欄楯。上張錦繡簾幕。其文多爲翔鸞團花。四面盡張繡花圖障。左右置八角冰壺。惟與國官相見。館中飲會則升廳焉。使副居其中。自餘。〇宋作爲。賓主國官。分東西待坐而已。

詔位

詔書位在樂賓之西。館伴位之北。小殿五間。繪飾華煥。兩廊皆爲押班醫官之室。今以爲二道官位。各以官序分居之。使副入館。先奉安詔書於殿。俟王卜吉日受詔。其日率三節官拜於庭。都轄提轄對捧。上節前導出館。置采輿中。以次從行。

清風閣

清風閣在館廳之東、都轄提轄位之南。其制五間。下不施柱。惟以拱斗架疊而成。不張幄幕。然而刻鏤繪飾丹雘華侈。冠於他處。惟以貯所錫禮物。崇觀中揭名凉風。今易此名耳。

香林亭

香林亭在詔書殿之北。自樂賓亭後、有路。鄭刻有路下誤接碧瀾亭一條內詔書入於亭至視於此耳句止。凡八十五字。登山。去館可百步。當半山之脊而太上御召○構之。其制四稜。上爲火珠之項。八面施欄楯。可以據坐。偃松怪石。女蘿葛蔓。互相映帶。風至蕭然不覺有暑氣。使副暇日每與上節官屬烹茶。枰棋於其上。笑談終日。所以快心目、而却炎蒸也。趙刻、登山云云至此、誤入第二頁內並失標題。

使副位

使副位在正廳之後。中建大亭。其制四稜。上爲火珠。榜曰樂賓。使位在東。副使位在西。各占三間。中列塗金器皿陳錦繡帷幄甚盛。

庭中廣植花卉。正北一門可以登山。即香林亭路也。

都轄提轄位

都轄提轄共處一堂。其制三間。對闢二室。各以官序分居之。當其中以爲會食見客之所。前垂青幃。狀類酒帘室中。各施文羅紅幕。舊不用帳。今亦有之。榻上施錦茵。復加大席。以錦爲緣。室中器皿、如香奩酒榼唾盂食匲。悉（鄭刻脫以下五十七字）以白金。貯水之具皆用銅。物物悉備。堂之後甃石爲池。溪流自山而下、入於其池。滿乃引出於書狀官位。活活有聲。供給之人、下使副一等。餘物稱是。

書狀官位

書狀官位在都轄提轄之東。其堂三間。其制差殺。亦分官序。居之後有一池。與西相通。餘流自東出於館外。與溪流相合。室中簾幕之屬。與都轄提轄位略同。特易銀以銅耳。（鄭刻脫此條。標題亦缺。）

西郊亭

西郊亭在宣義門外五里許。庭廡雖高而營治草。○知不足齋叢書本草下空二十格。今據宋本補之。創不設寢室。唯具食頓而止。各有休憩之次。使者初到、以迄回程而。迎勞飲餞於此。下節舟人不能盡容。對門起大幕。列坐而飲之云。鄭刻脫此條。標題亦缺。

碧瀾亭

碧瀾亭在禮成港岸次，距王城三十里，神舟既抵岸，兵衛金鼓迎導。鄭刻脫以下二十五字。標題亦缺。詔書入於亭。亭有二位，西曰右碧瀾亭。以奉詔書。東曰左碧瀾亭。以待使副。兩序有室。以處二節人。往來各一宿而去，直東西有道、通王城之路，左右居民十數家。蓋使節既入城，衆舟皆泊於港中，舟人分番以守視於此耳。鄭刻自詔書入於亭至末、誤入香林亭條白樂賓後有路句下。

客館

客館之設不一。順天之後有小館十數間。以待遣使報信之人。迎恩館在南大街興國寺之南。仁恩館與迎恩相竝。昔曰仙賓。今易此名。皆前此所以待契丹使也。迎仙館在順天寺北。靈隱館在長慶宮之西。以待狄人女眞。與威館在奉先庫之北。昔嘗以待醫官之所。自南門之外及兩廊、有館凡四。曰清州、曰忠州、曰四店、曰利賓。皆所以待中國之商旅。然而卑陋草創非比順天也。

宣和奉使高麗圖經卷第二十七

宣和奉使高麗圖經 卷第二十八

供張一

臣聞。周官掌次、掌王次之法。以待張事。諸侯朝覲會同、則張大次小次。師田、則張幕設案。夫王者之待諸侯。疑若其禮可簡。然當朝覲會同師田之時。尙且供張次舍。如此勤至。又況海外小侯。尊奉王人。則鋪張辦設。豈可苟哉。高麗自王氏以來。世爲本朝藩屏。而主上所以鎭撫之者。恩德甚厚。故每使節適彼。而供張之具極華煥也。蓼蕭澤及四海之詩曰。鞗革沖沖。和鸞雝雝。蓋即其儀物之中禮。可以見其享上之心。今謹敘麗人所以祗待使華者。作供張圖。

繡幕

纈幕非古也。先儒謂繫繒染爲文者、謂之纈。麗俗今治纈尤工。其質本文羅。花色即黃白相間。爛然可觀。其花上爲火珠。四垂寶網。下有蓮臺花座。○宋本作亞 如釋氏所謂浮屠狀。然猶非貴人所用。惟江亭客館、於屬官位設之。

繡幕

繡幕之飾五采間錯而成。不爲橫縫。逐幅自上垂下。亦有灘鸂翔鸞花團等樣。而紅黃爲勝。其質本文紅羅。唯順天館詔殿正廳使副位、會慶乾德殿公會、則設之。

繡圖

繡圖紅身綠襈。五采間錯。山花戲獸工巧。過於繡幕。亦有花竹翎毛果實之類。各有生意。國俗張帟幕每十餘幅。則掛一圖間之。不以當堂奧之中也。

坐榻

坐榻之制四稜無飾。其上鋪大席青襈。而設於館中過道閒。蓋官屬從吏憩息之具也。

燕臺

燕臺之狀。如中國之有几桉也。四角殺其銳。白藤穿花。面分四隔。而以丹漆爲飾。益以塗金裝釘。復增紅羅繡幃。四面垂帶。相比如羽。惟王楷以俟未終制。易紅爲紫耳。坐床之制。與中國同。而高大多三分之一。

光明臺

光明臺擎燈燭之具也。下有三足。中立一幹。形狀如竹。逐節相承。上有一盤。中置一甌。甌中有〇有下空一格宋本不空可以燃燭。若燃燈則易以銅缸。貯油立炬。鎮以小白石。而絳紗籠之。高四尺五寸。盤面濶一尺五寸。罩高六寸。濶五寸。

丹漆俎

丹漆俎，蓋王官平日所用也。坐於榻上。而以器皿登俎對食。故飲食以俎數多寡、分尊卑。使副入館。日饋三食。食以五俎。其器皿悉皆黃金塗之。凡俎縱廣三尺、橫二尺、高二尺五寸。

黑漆俎

食俎之制。大小一等。特紅黑之異。都轄提轄及上節。館中日饋三食，食以三俎。中節二俎。下節則以連牀每五人。竝一席而食之。

臥榻

臥榻之前。更施矮榻三面。立欄楯。各施錦綺茵褥。復加大席。筦簟之安殊不覺有夷風。然此特國王貴臣之禮。兼以待華使也。若民庶則多爲土榻。穴地爲火坑臥之。蓋其國冬月極寒。復少纊絮之屬爾。

文席

文席精粗不等。精巧者施於牀榻，粗者用以籍地。織草性柔。摺屈不損，黑白二色閒錯成文。青紫爲襈。初無定制。

門帷

門帷之制。青絹三幅。上有提襻而橫木貫之。狀如酒旂。蓋宮室之中、婦人用以映蔽之具也。

宣和奉使高麗圖經 卷第二十八

宣和奉使高麗圖經卷第二十九

供張二

繡枕

繡枕之形。白紵爲囊。中實以香草。兩頭蹙。金盤綫花。文極巧。復以絳羅裝飾。如蓮荷之狀。三節供給其制一等。

寢衣

寢衣之制。紅黃爲表。而以白紵裏之。裏大於表。四邊各餘一尺。

紵裳

紵裳之制。表裏六幅。腰不用横帛。而繫二帶。三節每位各與紵衣同設。以待沐浴之用。

紵衣

紵衣卽中單也。夷俗不用純領。自王至於民庶。無男女悉服之。

畫摺扇

畫摺扇。金銀塗飾。復繪其國山林人馬女子之形。麗人不能之。云是日本所作。觀其所饋（〇宋本作續）衣物信然。

杉扇

杉扇不甚工。惟以日本白杉木。劈削如紙。貫以綵組。相比如羽。亦可招風。

白摺扇

白摺扇編竹爲骨。而裁藤紙鞔之。閒用銀銅釘飾。以竹數多者爲貴。供給趨事之人。藏於懷袖之閒。其用甚便

松扇

松扇取松之柔條。細削成縷。槌壓成綫。而後織成。上有花文。不減

穿藤之巧。惟王府所遺使者最工。

草履

草履之形。前低後昂。形狀詭異。國中無男女少長悉履之。

宣和奉使高麗圖經卷第二十九

宣和奉使高麗圖經 卷第三十

器皿一

臣聞。前史稱。東夷器用俎。今高麗土俗猶然。觀其制作。古樸頗可愛。尙至於他飲食器。亦往往有尊彝簠簋之狀。而燕飲陳設。又多類於筦簟凡席。蓋染箕子美化。而彷彿三代遺風也。謹掇其概圖之。

獸爐

子母獸爐。以銀爲之。刻鏤制度精巧。大獸蹲踞。小獸作搏攫之形。返視張口。用以出香。惟會慶乾德公會。則置於兩楹之間。迎詔焚御香。公會則爇篤耨龍腦旃檀沈水之屬。皆御府所賜香也。每隻用銀三十(鄭刻 千)斤。獸形連座。高四尺。濶二尺二寸。

水瓶

水瓶之形。略如中國之酒注也。其制用銀三斤。使副與都轄提轄官位設之。高一尺二寸。腹徑七寸。量容六升。

盤琖

盤琖之制。皆似中國。惟琖深而釦斂。舟小而足高。以銀爲之。間以金塗鏤花工巧。每至勸酒則易別杯。第量容差多耳。

博山爐

博山爐本漢器也。海中有山名博山。形如蓮花。故香爐取象。下有一盆。作山海波濤魚龍出沒之狀。以備貯湯薰衣之用。蓋欲其濕氣相著。烟不散耳。今麗人所作。其上頂雖象形。其下爲三足。殊失元制。但工巧可取。

酒榼

酒榼蓋提挈之器也。上爲覆荷。兩耳有流連環提紐。以金間塗之。唯勸酒則特用。而酒色味皆勝。其制高一尺、闊八寸。提環長一尺二寸。量容七升。

烏花洗

銀花不常用。唯使副私覿有之。點藥鏤花。烏文白質。輕重不等。面潤一尺五寸。量容一斗二升。

面藥壺

面藥壺。唯使副都轄提轄位用銀。餘以銅爲之。圓腹脩頸。蓋形稍銳。高五寸。腹徑三寸五分。量容一升。

芙蓉尊

酒尊之形。上有蓋如芙蓉花之方葩也。間金塗飾。長頸廣腹。高二尺。量容一斗二升。

提瓶

提瓶之狀，頭長而上銳，腹大而底平。其制八稜。間用塗金，中貯米漿熟水。國官貴人，每令親侍挈以自隨。大小不等，大者容二升。

宣和奉使高麗圖經卷第三十

宣和奉使高麗圖經 卷第三十一

器皿二

油盎

油盎之狀。略如酒尊。白銅爲之。其上無蓋。恐其傾覆。而以木楔窒之。高八寸。腹徑三寸。量容一升五勺。

淨瓶

淨瓶之狀。長頸脩腹。旁有一流。中爲兩節。仍有轆轤。蓋頸中間有隔。隔之上復有小頸。象簪筆形。貴人國官觀寺民舍皆用之。惟可貯水。高一尺二寸。腹徑四寸。量容三升。

花壺

花壺之制。上銳下圓。略如垂膽。仍有方座。四時貯水簪花。舊年不甚作。邇來頗能之。通高八寸。腹徑三寸。量容一升。

水釜

水釜之制（宋本作形）狀如鬲鼎。以銅鑄成。有二（鄭刻三）獸環貫木可以負持（宋作作荷）麗人方言無大小皆謂之偬。僕射館中諸房皆給之。高一尺五寸。闊三尺。量容一石二斗。

水甖

水甖如水釜之形而差小。仍有銅蓋。用以汲水。以象中國之水桶也。上有二耳可以攀挈。麗俗便於負戴。故此器最多。高一尺。腹徑一尺二寸。量容一斗二升。

湯壺

湯壺之形。如花壺而差匾。上蓋下座。不使泄氣。亦古溫器之屬也。麗人烹茶多設此壺。通高一尺八寸。腹徑一尺。量容二（鄭刻一）斗。

白銅洗

白銅洗之形。與烏銀者相似。特無文采。而麗人謂之冰盆。又有一等赤銅者。制作差劣。

鼎爐

鼎爐之制。略如博山。上無花蓋。下有三足。唯觀寺神祠用之。高一尺。頂濶六寸。下盤濶八寸。（鄭刻二）

溫爐

溫爐之形。如鼎而有偃脣。腹下三足爲獸銜之狀。用以貯水置之几案。蓋冬月溫手之器也。面濶一尺二寸。高八寸。

巨鍾

大鍾在普濟寺。形大而聲不揚。上有蟠紐。中有双飛仙。刻銘曰。甲戌年鑄用白銅一萬五千斤。麗人云。昔者置之重樓。聲聞契丹。單于惡之，今移於此。亮其誇大之言，未必然也。

宣和奉使高麗圖經　卷第三十一

宣和奉使高麗圖經 卷第三十二

器皿 三

茶俎

土產茶。味苦澁不可入口。惟貴中國臘茶并龍鳳賜團。自錫賚之外。商賈亦通販。故邇來頗喜飲茶。益治茶具。金花烏盞、翡色小甌、銀爐湯鼎。皆竊效中國制度。凡宴則烹於庭中。覆以銀荷。徐步而進。候贊者云。茶徧乃得飲。未嘗不飲冷茶矣。館中以紅俎布列茶具於其中。而以紅紗巾冪之。日嘗三供茶。而繼之以湯。麗人謂湯爲藥。每見使人飲盡必喜。或不能盡以爲慢己。必怏怏而去。故常勉强爲之啜也。

瓦尊

國無稬〇宋本作稬米。而以秔合麴而成酒。色重味烈。易醉而速醒。王之所飲曰良醞左庫清法酒。亦有二品。貯以瓦尊。而以黃絹封之。大抵麗人嗜酒。而難得佳釀。民庶之家所飲。味薄而色濃。飲歠自如。咸以爲美也。

藤尊

藤尊乃山島州郡所饋也。中亦瓦尊。外以藤周纏之。舟中㠔屼相擊不損。上有封緘。各以州郡印文記之。

陶尊

陶器色之青者。麗人謂之翡色。近年以來制作工巧。色澤尤佳。酒尊之狀如瓜。上有小蓋。而爲荷花伏鴨之形。復能作盌楪桮甌花甌湯琖。皆竊倣定器制度。故略而不圖。以酒尊異於他器。特著之。

陶爐

狻猊出香亦翡色也。上有蹲獸、下有迎蓮、以承之、諸器惟此物最精絕。其餘則越州古祕色、汝州新窑器、大概相類。

食罩

公會供饌、下承以盤、上施青罩。惟王與使副加紅黃之飾、所以別精麤也。

藤篚

古者幣帛用箱篚。今麗俗不廢。其篚白藤織成。上有錯文、爲花木鳥獸之狀。裏用紅黃文綾拓之。大小相合謂之一副。其直準白金一斤。惟王府所用最佳。蓋郡邑土貢、餘官民庶者制作草草備禮適用而已。

鬵釜

鬵釜盖烹飪器也。以鐵爲之。其上有蓋、腹下三足、回旋之文、細如毛髮。高八寸。濶一尺二寸。量容二升五勺。

水瓮

水瓮陶器也。廣腹歛頸。其口差敞。高六尺。濶四尺五寸。容三石二升。館中用銅瓮。惟山島海道、以舟載水相遺、則用之。

草苫

草苫之用。猶中國之有布囊也。其形如絡。結草爲之。凡米麪（鄭刻麯）薪炭之屬。悉用以盛。山行不利車。多以騾馬裝載而行。

刀筆

刀筆之鞘、刻木爲之。其制三隔。其一藏筆。其二藏刀。刀形犀利。一刀差短。散員而下官吏祗應房子親侍皆佩之。

宣和奉使高麗圖經　卷第三十二

宣和奉使高麗圖經 卷第三十三

舟楫

臣聞。風行水上、在卦爲渙。而舟楫之利。以濟不通。取象於此。後世聖知代作。百工加飾。故龍文鷁首。駕風截浪。一日千里。必使横絕江河。如履平地。非特刳剡之簡而已也。乃若麗人生長海外。動涉鯨波。固宜以舟楫爲先。今觀其制度。簡略不甚工緻。豈其素安於水、而狃狎之耶。抑因陋就簡、魯拙而莫之革耶。今謹卽所見列於圖。

巡船

高麗地瀕東海。而舟楫之工簡略特甚。中安一檣。上無棚屋。惟設艣柁而已。使者入群山門。有此等巡船十（鄭刻千）餘隻。皆揷旌旗。舟人邏卒皆着靑衣。鳴角擊鐃而來。各於檣之杪。建一小旆。書曰洪州都巡。曰永新都巡。曰公州巡檢。曰保寧。曰懷仁。曰安興。曰曁川。曰陽城。曰慶源。皆有尉司字。實捕盜官吏也。自入境以迄回程迎至。餞行於群山島。望神舟入洋。乃還其國。

官船

官船之制。上爲茅蓋。下施戶牖。周圍欄檻。以橫木相貫。挑出爲棚。面濶於底。通身不用板簣。唯以矯楺全木。使曲相比釘之。前有矴輪。上施大檣。布帆二十餘幅。（鄭刻一十五幅）垂下五分之一。則散開而不合縫。恐與風勢相距耳。使者入境。自東而來。曰接伴、曰先排、曰管勾、曰公廚。凡十（鄭刻千）餘舟。大小相若。惟接伴船有陳設幄幕焉。

松舫

松舫群山島船也。首尾皆直。中爲舫屋五間。上以茅覆。前後設二小室。安榻垂簾。中敞二間施錦茵褥。最後華煥，唯使副與上節乘之。

幕船

幕船之設，三島皆有之，以待中下節使人也。上以青布爲屋，下以長竿代柱。四阿各以朱（〇宋本作采）繩係之。

饋食

使者入境。而群山島紫燕州（鄭刻洲）三州。皆遣人饋食。持書之吏紫衣幞頭。又其次則烏帽。食味十餘品。而麪食爲先。海錯尤　器皿多用金銀。而雜以青陶盤樻。皆木爲之而黑漆。神舟泊不近島，必遣介乘舟饋獻於使者。故事迓三日。若過期風阻未行，則饋食不復至也。

供水

海水味劇醎苦不可口，凡舟船將過洋。必設水櫃。廣蓄甘泉，以備食飲。盖洋中不甚憂風。而以水之有無爲生死耳，華人自西絕洋而來。既已累日。麗人料其甘泉必盡。故以大瓮載水，鼓舟來迎，各以茶米酬之。

宣和奉使高麗圖經　卷第三十三

宣和奉使高麗圖經卷第三十四

海道一

臣聞海爲衆水。而與天地同爲無極。故其量猶天地之不可測度。若潮汐往來、應期不爽。爲天地之至信。古人嘗論之。在山海經以爲海鰌出入穴之度。浮屠書以爲神龍寶之變化。竇叔蒙海嶠志以爲水隨月之盈虧。盧肇海潮賦以謂、日出入於海、衝擊而成。王充論衡以水者天地之血脉、隨氣之進退。率皆持臆說。執偏見評料。近似而未之盡。大抵天包水。水承地。而一元之氣升降於太空之中。地承水力以自持。且與元氣升降。互爲抑揚。而人不覺。亦猶坐於船中者、不知船之自運也。方其氣升而地沈。則海水溢上而爲潮。及其氣降而地浮。則海水縮下而爲汐。計日十二辰。由子至巳、其氣爲陽。而陽之氣又自有升降。以運乎晝。由午至亥、其氣爲陰。而陰之氣又自有升降。以運乎夜。一晝一夜。合陰陽之氣凡再升再降。故一日之間、潮汐皆再焉。然晝夜之晷、係乎日升降之數、應乎月。月臨於子。則陽氣始升。月臨於午。則陰氣始升。故夜潮之期、月皆臨子。晝潮之期、月皆臨午焉。又日之行遲。月之行速。以速應遲。每二十九度過半、而月行及之。日月之會謂之合朔。故月朔之夜潮、日亦臨子。月朔之晝潮、日亦臨午焉。且晝卽天上而言之。天體西轉。日月東行。自朔而往月速漸東。至午漸遲。而潮亦應之。以遲於晝。故晝潮自朔後迭差而入於夜。故所以一日午時、二日午末、三日未時、四日未末、五日申時、六日申末、七日酉時、八日酉末也。夜卽海下而言之。天體東轉。日月西行。自朔而往月速漸西。至子漸遲。而潮亦應之。以遲於夜。故夜潮自朔後迭差而入於晝。

此所以一日子時、二日子末、三日丑時、四日丑末、五日寅時、六日寅末、七日卯時、八日卯末也。加以時有交變。氣有盛衰。而潮之所至亦因之爲大小。當卯酉之月。則陰陽之交也。氣以交而盛出。故潮之大也獨異於餘月。當朔望之後。則天地之變也。氣以變而盛出。故潮之大也獨異於餘日。今海中有魚獸。殺取皮而乾之。至潮時則毛皆起。豈非氣感而類應、本於理之自然也。至若波流而漩伏。沙土之所凝。山石之所峙。則又各有其形勢。如海中之地、可以合聚落者。則曰洲。十洲之類是也。小於洲而亦可居者。則曰島。三島之類是也。小於島則曰嶼。小於嶼而有草木。則曰苫。如苫嶼而其質純石。則曰焦。凡舫舶之行。既出於海門。則天地相涵。上下一碧。傍無雲埃。遇天地晴霽時。皓日中天。游雲四歛。恍然如游六虛之表。既不可以言喻。及風濤閧發、雷雨晦瞑、蛟螭出沒。神物變化。

而心悸膽落。莫知所說。故其可記錄者特山形潮候而已。且高麗海道古猶今也。考古之所傳。今或不覩。而今之所載。或昔人所未談。非固爲異也。蓋航船之所通。每視風雨之向背。而爲之節。方其風之牽乎西。則洲島之在東者。不可得而見。惟南與北亦然。今既論潮候之大槩。詳於前。謹列夫神州所經島洲苫嶼。而爲之圖。

神舟

臣側聞。神宗皇帝遣使高麗。嘗詔有司造巨艦二。一曰凌虛致遠安濟神州。二曰靈飛順濟。神舟規模甚雄。皇帝嗣服。羹墻孝思。其所以加惠麗人。實推廣熙豐之績。爰自崇寧以迄於今。荐使綏撫。恩隆禮厚。仍詔有司更造二舟。大其制而增其名。一曰鼎新利涉懷遠康濟神舟。二曰循流安逸通濟神舟。巍如山岳。浮動波上。錦帆鷁首。屈服蛟螭。所以暉赫皇華。震懾夷狄。超冠今古。是宜麗人迎詔之日。傾國聳觀。而歡呼嘉嘆也。

客舟

舊例。每因朝廷遣使。先期委福建兩浙監司。顧募客舟。復令明州裝飾。略如神舟。具體而微。其長十餘丈。深三丈。濶二丈五尺。可載二千斛粟。其制皆以全木巨枋攙疊而成。上平如衡。下側如刃。貴其可以破浪而行也。其中分爲三處。前一倉不安艎板。惟於底安竈。與水櫃正當兩檣之間也。其下即兵甲宿棚。其次一倉裝作四室。又其後一倉。謂之廥屋。高及丈餘。四壁施窗戶。如房屋之制。上施欄楯。采繪華煥。而用帟幕增飾。使者官屬各以階序分居之。上有竹篷。平時積疊。遇雨則鋪蓋周密。然舟人極畏廥高。以其拒風不若、仍舊爲便也。船首兩頰柱中有車輪。上綰藤索。其大如椽。長五百尺。下垂矴石。石兩傍夾以二木鉤。船未入洋近山拋泊。則放矴著水底、如維纜之屬。舟乃不行。若風濤緊急。則加遊矴。其用如大矴。而在其兩傍。遇行則卷其輪而收之。後有正柂大小二等。隨水淺深更易。當廥之後、從上插下二棹、謂之三副柂。惟入洋則用之。又於舟腹兩傍、縛大竹爲槖。以拒浪。裝載之法。水不得過槖。以輕重之度。水棚在竹槖之上。每舟十艣。開山入港。隨潮過門。皆鳴艣而行。篙師跳躑號叫。用力甚至。而舟行終不若駕風之快也。大檣高十丈。頭檣高八丈。風正則張布帆五十幅。稍偏則用利篷。左右翼張。以便風勢。大檣之巔、更加小帆十幅。謂之野狐颿。風息則用之。然風有八面。唯當頭不可行。其立竿以鳥羽候風。所向謂之五兩。大抵難得正風。故布帆之用、不若利篷翕張之能順人意也。海行不畏深。惟懼淺閣。以舟底不平、若潮落、則傾覆不可救。故常以繩垂鉛錘。以試之。每舟篙師水手可六十人。惟恃首領熟識海道、善料天時人事、而得衆情。故一有倉卒之虞。首尾相應如一人。則能濟矣。若夫神舟之長濶高大、什物器用人數。皆三陪於客舟也。

招寶山

宣和四年壬寅春三月。詔遣給事中路允迪、中書舍人傅墨卿、充國信使副。往高麗。秋九月。以國王俁薨。被旨兼祭奠弔慰而行。遵元豐故事也。五年癸卯春二月十八日壬寅。促裝治舟。二十四日戊申。詔赴睿謨殿、宣示禮物。三月十一日甲子。赴同文館聽誡諭。十三日丙寅。皇帝御崇政殿。臨軒親遣、傳旨宣諭。十四日丁卯。錫宴於永寧寺。是日解舟出汴。夏五月三日乙卯舟次四明。先是得旨、以二神舟六客舟兼行。十三日乙丑奉禮物入八舟。十四日丙寅遣供衛大夫相州觀察使直睿思殿關弼、口宣詔旨。錫宴於明州之廳事。十六日戊辰神舟發明州。十九日辛未達定海縣。先期遣中使武功大夫容彭年。建道場於總持院。七晝夜。仍降御香宣祝於顯仁助順淵聖廣德王祠。神物出現。狀如蜥蜴。實東海龍君也。廟前十餘步。當鄞江窮處。一山巍然出於海中。上有小浮屠。舊傳海舶望是山。則知其爲定海也。故以招寶名之。自此方謂之出海口。二十四日丙子。八舟鳴金鼓張旗幟以次解發。中使關弼登招寶山。焚御香望洋再拜。是日天氣晴快。巳刻乘東南風。張篷鳴艣。水勢湍急。委蛇而行。過虎頭山水浹港口七里山。虎頭山以其形似名之。度其地已距定海二十里矣。水色與鄞江不異。但味差鹹耳。蓋百川百會至此。尤未澄澈也。

虎頭山

過虎頭山行數十里。卽至蛟門。大抵海中有山對峙。其間有水道可以通舟者，皆謂之門。蛟門云蛟蜃所宅。亦謂之三交門。其日申末刻，遠望大小二謝山。歷松柏灣，抵蘆浦拋矴。八舟同泊。

沈家門

二十五日丁丑、辰刻。四山霧合西風作，張篷委蛇曲折。隨風之勢。其行甚遲。舟人謂之拒風。巳刻霧散，出浮稀頭白峰窄額門石師顏。而後至沈家門拋泊，其門山與蛟門相類。而四山環擁。對開兩門。其勢連亘。尙屬昌國縣。其上漁人樵客叢居十數家。就其中以大姓名之，申刻。風雨晦冥。雷電雨雹欻至。移時乃止。是夜就山張幕，掃地而祭。舟人謂之祠沙。實岳瀆主治之神。而配食之位甚多。每舟各刻木爲小舟，載佛經糗糧。書所載人名氏、納於其中、而投諸海。蓋禳厭之術一端耳。

梅岑

二十六日戊寅。西北風勁甚。使者率三節人。以小舟登岸入梅岑。舊云梅子眞棲隱之地。故得此名。有履跡瓢痕。在石橋上。其深麓中有蕭梁所建寶陁院殿。有靈感觀音。昔新羅賈人往五臺。刻其像欲載歸其國。曁出海遇焦。舟膠不進。乃還置像於焦上。院僧宗岳者迎奉於殿。自後海泊往來。必詣祈福。無不感應。吳越錢氏移其像於城中開元寺。今梅岑所尊奉、卽後來所作也。崇寧使者聞於朝。賜寺新額。歲度緇衣而增飾之。舊制使者於此請禱。是夜僧徒焚誦歌唄甚嚴。而三節官吏兵卒莫不虔恪作禮。至中宵星斗煥然。風幡搖動。人皆歡躍云。風已回正南矣。二十七日己卯。舟人以風勢未定。尙候其孰。海上以風轉至次日不改者、謂之孰。不爾至洋中卒爾風回。則茫然不知所向矣。自此卽出洋。故審視風雲天時而後進也。申刻。使副與三節人俱還八舟。至是水色稍澂、而

波面微蕩。舟中已覺䑾卼矣、

海驢焦

二十八日庚辰。天日清晏、卯刻八舟同發。使副具朝服、與二道官、望闕再拜、投御前所降神霄玉清九陽總眞符籙、幷風師龍王牒、天書直符引五嶽眞形、與止風雨等十三符、訖。張篷而行、出赤門。食頃水色漸碧。四望山島稍稀、或如斷雲。或如偃月、已後過海驢焦、狀如伏驢、崇寧間舟人有見海獸出沒波間。狀如驢形。當別是一物。未必因焦石而有驢也、

蓬萊山

蓬萊山望之甚遠、前高後下、峭拔可愛、其島尙屬昌國封境。其上極廣、可以種蒔、島人居之、仙家三山中有蓬萊。越弱水三萬里乃得到。今不應指顧閒見。當是今人指以爲名耳。過此則不復有山。

惟見連波起伏。噴豗洶湧。舟楫振撼。舟中之人。吐眩顚仆。不能自持十八九矣。

半洋焦

舟行過蓬萊山之後。水深碧色如玻璨。浪勢益大。洋中有石。曰半洋焦。舟觸焦則覆溺。故篙師最畏之。是日午後南風益急。加野狐䬙制䬙之意。以浪來迎、舟恐不能勝其勢。故加小䬙於大䬙之上。使之提挈而行。是夜。洋中不可住。維視星斗前邁。若晦冥則用指南浮針。以揆南北。入夜擧火。八舟皆應。夜分風轉西北。其勢甚亟。雖已落篷。而颿動颸搖。瓶盎皆傾。一舟之人震恐膽落。黎明稍緩。人心向寧。依前張帆而進。

白水洋

二十九日辛巳。天色陰翳。風勢未定。辰刻風微且順。復加野狐䬙。

舟行甚鈍。中行風轉、酉刻雲合雨作。入夜乃止、復作南風。入白水洋。其源出靺鞨、故作白色。是夜擧火三舟相應矣。

黃水洋

黃水洋卽沙尾也。其水渾濁且淺。舟人云。其沙自西南而來、橫於洋中千餘里、卽黃河入海之處。舟行至此。則以鷄黍祀沙。蓋前後行舟過沙多有被害者。故祭其溺死之魂云。自中國適句麗、惟明州道則經此。若自登州板橋以濟。則可以避之、比使者回程至此。第一舟幾遇淺。第二舟午後三桅倂折。賴宗社威靈得以生還。故舟人每以過沙尾爲難、當數用鉛錘時其深淺、不可不謹也、

黑水洋

黑水洋卽北海洋也、其色黯湛淵淪、正黑如墨、猝然視之、心膽俱喪、怒濤噴薄屹如萬山、遇夜則波間熠熠、其明如火、方其舟之升

在波上也。不覺〔〇宋本作見〕有海。惟見天日明快。及降在窪中。仰望前後。水勢其高蔽空。腸胃騰倒。喘息僅存。顛仆吐嘔。粒食不下咽。其困臥於茵褥上者。必使四維隆起。當中如槽。不爾則傾側輥轉。傷敗形體。當是時求脫身於萬死中。可謂危矣。

宣和奉使高麗圖經　卷第三十四

宣和奉使高麗圖經卷第三十五

海道二

夾界山

六月一日壬午。黎明。霧昏。乘東南風。巳刻稍霽。風轉西南。益張野狐颿。午正風厲。第一舟大檣砉然有聲。勢曲欲折。亟以大木附之獲全。未後東北望天際。隱隱如雲。人指以爲半托伽山。不甚可辨。入夜風微舟行甚緩。二日癸未。早霧昏曀。西南風作。未後澂霽。正東望。一山如屛。卽夾界山也。華夷以此爲界限。初望隱然。酉後逼近。前有二峰。謂之雙髻山。後有小焦數十。如奔馬狀。雪浪噴激。遇山濺瀑尤高。丙夜風急雨作。落帆徹篷。以緩其勢。

五嶼

五嶼在處有之。而以近夾界者爲正。定海之東北、蘇州洋內、群山、馬島、皆有五嶼。大抵篙工指海山上小山爲嶼。所以數處五山相近、皆謂之五嶼矣。三日甲申。宿雨未霽。東南風作。午後過是嶼。風濤噴激。久之齒崒巉巖亦甚可愛。

排島

是日巳刻。雲散雨止。四顧澂霽。遠望三山並列。中一山如堵。舟人指以爲排島。亦曰排垛山。以其如射垛之形耳。

白山

是日午後。東北望一山。極大連亘如城。日色射處。其白如玉。未後風作。舟行甚快。

黑山

黑山在白山之東南。相望甚邇。初望極高峻。逼近見山勢重複。前一小峰中空如洞。兩間有澳。可以藏舟。昔海程云〇宋本作亦。是使舟頓宿之地。館舍猶存。今取道更不抛泊。上有居民聚落。國中大罪得貸死者。多流竄於此。每中國人使舟至。遇夜於山顚明火於烽燧。諸山次第相應。以迄王城。自此山始也。申後舟過。

月嶼

月嶼二。距黑山甚遠。前曰大月嶼。回抱如月。舊傳上有養源寺。後曰小月嶼。對峙如門。可以通小舟行。

闌山島

闌山島又曰天仙島。其山高峻。遠望壁立。前二小焦如龜鼈之狀。

白衣島

白衣島三山相連。前有小焦附之。偃檜積蘇。蒼潤可愛。亦曰白甲苫。

跪苫

跪苫在白衣島之東北，其山特大於衆苫，數山相連。碎焦環遶，不可勝數，夜潮衝激。雪濤奔薄，月落夜昏，而濺沫之明，如火熾也。

宣和奉使高麗圖經卷第三十五

宣和奉使高麗圖經 卷第三十六

海道 三

春草苫

春草苫又在跪苫之外。舟人呼爲外嶼。其上皆松檜之屬。望之鬱然。夜分風靜。舟行益鈍。

檳榔焦

檳榔焦以形似得名。大抵海中之焦。遠望多作此狀。唯春草苫相近者。舟人謂之檳榔焦。夜深潮落。舟隨水退。幾復入洋。舉舟恐懼。亟鳴櫓以助其勢。黎明尙在春草苫。四日乙酉。天日晴霽。風靜淚平。俯視水色。澄碧如鑑。可以見底。復有海魚數百。其大數丈。隨舟往來。夷猶鼓鬣。洋洋自適。殊不顧有舟楫過也。

菩薩苫

是日午後。過菩薩苫。麗人謂其上曾有顯異。因以名之。申後風靜隨潮而進。

竹島

是日酉後。舟至竹島拋泊。其山數重。林木翠茂。其上亦有居民。民亦有長。山前有白石焦數百塊。大小不等。宛如堆玉。使者回程。至此適値中秋。月出夜靜。水平明霞。映帶斜光千丈。山島林壑舟楫器物盡作金色。人人起舞。弄影酌酒。吹笛心目欣快。不知前有海洋之隔也。

苦苫苫 （鄭刻作苦苫。三十九卷禮成港條。亦作苦苫苫。）

五日丙戌晴。明過苦苫苫。距竹島不遠。其山相類。亦有居民。麗俗謂刺蝟毛爲苦苫苫。此（鄭刻此苫）山林木茂盛而不大。正如蝟毛。故以名之。是日拋泊。此苫。麗人挐舟載水來獻。以米謝之。東風大作不能前。進遂宿焉。

群山島

六日丁亥。乘早潮行。辰刻至群山島拋泊。其山十二峰相連。環繞如城。六舟來迓。載戈甲鳴鐃歙角爲衞。別有小舟。載綠袍吏。端笏揖於舟中。不通姓字而退。云群山島注事也。繼有譯語官閤門通事舍人沈起來參。同接伴金富軾、知全州吳俊和遣使來、投遠迎狀。使副以禮受之。揖而不拜。遣掌儀官相接而已。繼遣答書。舟既入島。沿岸乘（○宋本作秉）旗幟列植者百餘人。同接伴以書送使副及三節。早食使副牒接伴。送國王先狀。接伴遣釆舫、請使副上群山亭相見。其亭瀕海後倚。兩峰相竝特高。壁立數百仞。（鄭刻有數仞。）門外有公廨十餘間。近西小山上有五龍廟資福寺。又西有崧山行宮。左右前後居民十數家。午後使副乘松舫至岸。三節導從入館。接伴郡守趨迎。廷設香案。望闕拜舞。恭問聖體。畢分兩阼升堂。使副居上。以次對。再拜訖。少前叙致。復再拜就位。上中節堂上序立。與接伴揖。國俗皆雅揖。○宋本五字作注。都轄前致辭再拜。次揖郡守如前禮。退就席。其位使副俱南向。接伴郡守東西相向。下節舟人聲喏於庭。上節分坐堂上。中節分兩廊。下節坐門之兩廂。舟人坐於門外。供張極齊肅。飲食且豐腆。禮貌恭謹。地皆設席。蓋其俗如此。亦近古也。酒十行。中節下節第降殺之。初坐接伴親斟以奉。使者復酹之。酒半遣人致勸。三節皆易大觥。禮畢。上中節趨揖如初禮。使副登松舫。歸所乘大舟。

横嶼

横嶼在群山島之南。一山特大。亦謂之案苫。前後有小焦數十繞之。石脚一洞深可數丈。高濶稱之。潮至拍水。聲如雷車。

宣和奉使高麗圖經卷第三十六

宣和奉使高麗圖經 卷第三十七

海道四

紫雲苫

七日戊子、天日晴快。早全州守臣致書備酒禮。曲留使者。使者以書固辭。乃巳。惟受所饋蔬茹魚蛤等因以方物酬之。午刻解舟宿橫嶼。八日巳丑。早發。南望一山。謂之紫雲苫。橫巘差疊。其後二山尤遠。宛如双眉凝翠焉。

富用山

是日午後過富用倉山。即舟人所謂芙蓉山也，其山在洪州境內。上有倉廩。積穀且多云。以備邊鄙非常之用。故以富用名之。

洪州山

洪州山又在紫雲苫之東南數百里。州建其下。又東一山產金。盤踞如虎。謂之東源。小山數十環拱如城。其山上有一潭淵。澄可鑑不可測。是日申刻、舟過。

鵶子苫

鵶子苫亦名軋子苫。麗人謂笠爲軋。其山形似之。因以得名。是日酉刻、舟過。

馬島

是日酉後。風勢極大。舟行如飛。自軋子苫一瞬之閒。即泊馬島。蓋清州境也。泉甘艸茂。國中官馬、無事則群牧於此。因以爲名。其主峰渾厚。左臂環抱。前一石觜入海。激水回波。驚湍洶涌。千奇萬怪。不可名狀。故舟過其下。多不敢近。慮觸暗焦也。有客館。曰安興亭。知淸州洪若伊。遣介紹與譯語官陳懿同來。如全州禮。岸次迓卒旗幟。與群山島不異。入夜然大火炬。熒煌照空。時風政作惡。舟中搖蕩幾不可坐。使者扶持。以小舟登岸。相見如群山亭之禮。惟不受酒禮。夜分還使舟。

九頭山

九日庚寅。天氣清明。南風甚勁。辰發馬島。巳刻過九頭山。其山云有九峯。遠望不甚詳。然而林木叢茂。清潤可喜。

宣和奉使高麗圖經卷第三十七

宣和奉使高麗圖經卷第三十八

海道五

唐人島

唐人島未詳其名。山與九頭山相近。是日午刻。舟過島下。

雙女焦 鄭刻雙文焦。

雙女焦。其山甚大。不異島嶼。前一山雖有草木。但不甚深密。後一山頗小。中斷爲門。下有暗焦。不可通舟。是日巳刻。舟自唐人島繼過此焦。風勢愈亟。舟行益速。

大青嶼

大青嶼。以其遠望鬱然如凝黛。故麗人作此名。是日午刻舟過。

和尚島

和尙島。山勢重疊。林壑深茂。山中多虎狼。昔常有學佛者居之。獸不敢近。今葉老寺乃其遺迹也。故麗人謂之和尙島。是日未刻。舟過其下。

牛心嶼

牛心嶼在小洋中。一峰特起。狀類覆盂。而中稍銳。麗人謂之牛心。它處皆見之、形肖此山、而差小者、亦謂之鷄心嶼。是日未正、舟過此嶼。南風小雨。

聶公嶼

聶公嶼。以姓得名。遠視甚銳。逼近如堵。盖其形匾。縱橫所見各異。是日未末。舟過其下。

宣和奉使高麗圖經　卷第三十八

宣和奉使高麗圖經 卷第三十九

海道六

小青嶼

小青嶼如大青嶼之形。但其山差小。而周圍多焦石。申初舟過。雨勢稍密。

紫燕島

是日申正。舟次紫燕島。即廣州也。倚山爲館。榜曰慶源亭。亭之側爲幕屋數十間。居民草舍亦衆。其山之東一嶼。多飛燕。故以名之。接伴尹彥植、知廣州陳淑、遣介紹與譯官卓安。持書來迎。兵仗儀禮加厚。申後雨止。使副與三節登岸到館。其飲食相見如全州禮。夜漏下二刻歸舟。十日辛卯辰刻。西北風。八舟不動。都轄吳德休、提轄徐兢、同上節復以采舟詣館。過濟物寺。爲元豐使人故左班殿直宋密。飯僧畢歸舟。巳刻隨潮而進。

急水門

是日未刻。到急水門。其門不類海島。宛如巫峽。江路山圍屈曲。前後交銷。兩間即水道也。水勢爲山峽所束。驚濤拍岸。轉石穿崖。喧豗如雷。雖千鈞之弩、追風之馬。不足喻其湍急也。至此已不可張篷。惟以櫓棹隨潮而進。

蛤窟

申後。抵蛤窟抛泊。其山不甚高大。居民亦衆。山之脊。有龍祠。舟人往還必祀之。海水至此比比之急水門。變黃白色矣。

分水嶺

分水嶺。即二山相對。小海自此分流之地。水色復渾如梅岑。時十一日壬辰。早雨作。午刻潮落、雨益甚。國王遣劉文志、持先書。使者以禮受之。酉刻前進。至龍骨拋泊。

禮成港

十二日癸巳。早雨止。隨潮至禮成港。使副還入神舟。午刻、使副奉都轄提轄官。奉詔書於采舟。麗人以兵仗甲馬旂幟儀物共萬計、列於岸次。觀者如堵牆。采舟及岸。都提轄奉詔書入於采輿。下節前導。使副後從。上中節以次隨之。入於碧瀾亭。奉安詔書訖。分位小憩。次日遵陸入於王城。臣竊惟海道之難甚矣。以一葉之舟、泛重溟之險。惟恃宗社之福。當使波神效順以濟。不然則豈人力所能至哉。方其在洋也。以風颿爲適從。若或暴橫轉至他國。生死瞬息。又惡三種險。曰癡風。曰黑風、曰海動。癡風之作。連日怒號不已。四方莫辨。黑風則飄怒不時。天色晦冥不分晝夜。海動則徹底沸騰。如烈火煮湯。洋中遇此。鮮有免者。且一浪送舟。輒數十餘里。而以數丈之舟、浮波濤間。不啻毫末之在馬體。故涉海者不以舟之大小爲急。而以操心履行。爲先。若遇危險。則發於至誠虔祈哀懇。無不感應者。比者使事之行。第二舟至黃水洋中。三柂併折。而臣適在其中。與同舟之人斷髮哀懇。祥光示現。然福州演嶼神、亦前期顯異。故是日舟雖危猶能易他柂。既易復傾搖如故。又五晝夜方達明州定海。比至登岸。舉舟臞顇。幾無人色。其憂懼可料而知也。若以謂海道非難。則還朝復命。不應受重賞。以爲必死。則自祖宗以來。累遣使命。未嘗有飄溺不還者。惟恃國威靈。憑仗忠信。可以必其無虞耳。今叙此以爲後來者之勸。比者使人之行。去日以南風。歸日以北風。初發明州。以其年五月二十八日。放洋得順風。至六月六日。即達群山島。及回程。以七月十三日甲子。發順天館。

十五日丙寅、復登大舟。十六日丁卯、至蛤窟。十七日戊辰、至紫燕島二十二日癸酉、過小青嶼、和尙島、大青嶼、雙女焦。唐人島、九頭山。是日泊馬島。二十三日甲戌、發馬島過軋子苫、望洪州山。二十四日乙亥、過橫嶼入群山門、泊島下。至八月八日戊子、凡十四日風阻不行。申後東北風作。乘潮出洋。過苦苫苫。入夜不住。九日己丑、早過竹島。辰巳望見黑山。忽東南風暴。復遇海動。舟側欲傾。人大恐懼。即鳴鼓招衆舟復還。十日庚寅、風勢益猛。午刻復還群山島。至十六日丙申、又六日矣。申後風正。卽發洋。夜泊竹島。又二日風阻不行。至十九日巳亥。午後發竹島。夜過月嶼。二十日庚子、早過黑山。次過白山。次過五嶼夾界山。北風大作。低篷以殺其勢。二十一日辛丑、過沙尾。午間第二舟三副梔折。夜漏下四刻正柁亦折。而使舟與他舟、皆遇險不一。二十二日壬寅、望見中華秀州山。

二十四日癸卯、過東西胥山。二十五日甲辰、入浪港山、過潭頭。二十六日乙巳、早過蘇州洋。夜泊栗港。二十七日丙午、過蛟門、望招寶山。午刻到定海縣。自離高麗到明州界。凡海道四十二日云。

宣和奉使高麗圖經　卷第三十九

宣和奉使高麗圖經 卷第四十

同文

臣聞。正朔所以統天下之治也。儒學所以美天下之化也。樂律所以導天下之和也。度量權衡所以示天下之公也。四者雖殊然必參合乎天子之節。然後太平之應備焉。聖人之興。必建歲正。定國是。新一代之樂。而同律度量衡。蓋以至一、而正群動。其道當如此。仰惟。國家大一統以臨萬邦。華夏蠻貊罔不率俾。雖高句麗（○宋本作驪）域居海島、鯨波限之、不在九服之內。然稟受正朔。遵奉儒學。樂律同和。度量同制。雖虞舜之時日東協、伯禹之聲敎南暨。不足云也。古人所謂書同文、車同軌者。於今見之。且圖志之作。所以記異國之殊制。若其制或同。則丹靑之作、何事乎贅疣。謹條其正朔儒學樂律度量之同乎中國者。作同文記。而省其繪畫云。

正朔

唐劉仁軌爲方州刺史。乃請所頒歷及宗廟諱。曰當削平遼海、班示本朝正朔。及戰勝以兵經略高麗。帥其酋長、赴登封之會。卒如初言。史臣壯之。然仁軌特服其力耳。未必其本心也。何以言之。臣觀麗人之事中國。其請降尊號、班正朔。勤勤懇懇不絕於口。及爲強虜所迫。革面從之。而乃心朝廷。葵傾蟻慕。終不解於胷次。豈用兵之與用德、固自有次第哉。雖然近則易服。遠則難懷。若麗境之望帝封。邈在大海之外。當其來也。泛巨航、駕便風。晝夜兼行十數日。始達四明。風或稍戾。驚濤山涌。竈釜傾蕩。涓滴之水不留。且不可㸑。舟人往往絕粒。甚則柁折檣傕。傾覆之變。生於瞬息。亦已危矣。然自建隆開寶閒。願效臣節。不敢少懈。以迄於今。至與北虜。則封境之相距纔一水耳。虜人朝發馬。夕已飲水於鴨綠矣。嘗大敗蝦。始臣事之。用其年號。終統和開泰凡二十一年。至王詢大破北虜。復通中國。乃於眞宗皇帝大中祥符七年、遣使請班正朔。朝廷從之。後遂用大中祥符之號。易去北虜開泰之名。至天禧中。北虜復破高麗。殺戮其民幾盡。王詢至棄國而逃於蛤窟。虜留城中八月。會西北山萬松皆作人聲。始駭懼引去。仍强班正朔於詢。詢以力屈、不得已而用之。自太平二年終十七年、至重熙終二十二年。淸寧終十年、咸雍終十年、太康終十年、太安終十年、壽昌終六年、乾統終十年、天慶至八年。凡一百年。而耶律爲大金所困。高麗遂去北虜之號。又以未請命於朝。不敢輒用正朔。故但以歲次紀年。而將有請焉耳。本朝之於高麗、如彼之遠。北虜之於高麗、如此其近。然而附北虜者。常以困於兵力。伺其稍弛。則輒拒之。至於尊事聖朝。則終始如一。拳拳傾戴。雖或時有牽制不能如願。而誠意所向堅如金石。有以見累聖綏之以仁、懷之以德、內有以得其心。固異乎北虜之强暴。徒以力制其外也。書曰協時月正日。今北虜已滅。佇見高麗之使以正朔爲請。而萬邦之時月日、可協而正矣。

儒學

東夷性仁。而其地有君子不死之國。又箕子所封。朝鮮之境。習俗素稔八條之敎。其男子出於禮義。婦人由於正信。飲食以豆籩。行路者相遜。固異乎蠻貊雜類、押頭胼趾。辮髮橫幅、父子同寢、親族同梛、僻恠也。自漢武帝列置四郡。臣妾內屬。而中華政化所嘗漸被。雖更魏歷晉、視時汚隆、乍離乍合、然義理之根諸中者。未嘗泯也。唐正觀初太宗用魏鄭公之一言。以仁義爲治。恢廣學校。崇尚師儒。當是時與議大臣猶有疑。而未知其爲益者。彼國乃遽遣其英秀子弟請敎京師。後長慶中白居易善作歌行。雞林之人引領嘆慕。至以（鄭刻云下闕一百字案抄本亦空白五行〇以字下二百五十三字據宋本補之。）一金易一篇、用爲規範。則其用心可知矣。觀夫倭辰餘國。或橫書、或左畫。或結繩爲信。或鍥木爲誌。各不同制。而麗人乃摹寫隸法。取正中華。至於貨泉之文、符印之刻。舉不敢妄有增損字體者。是宜文物之美侔於上國焉。炎宋肇興。文化遠被。稽首扣關。請爲藩臣。其使者每至來朝。觀國之光。歆豔晏粲。歸而相語。人益加勉。湻化二年。廷試天下士。彼亦賓貢。其人來獻文藝。太宗皇帝嘉之。用擢其數。內王彬、崔罕等進士及第。授將仕郎守秘書省校書郎。津遣還國。時國王治上表致謝。詞甚感戢。神宗皇帝憫俗學之弊。命訓釋三經。以發天下蔽蒙。特詔賜其書本。俾之獲見大道之純全。主上丕承先誌。推廣舍法。又賜其來學子弟金端等科名以歸。於是靡然風從。勃然雨化。誾誾秩秩服膺儒學。雖居燕韓之左僻。而有齊魯之氣韻矣。此者使人到彼。詢。知臨川閣藏書至數萬卷。又有清燕閣。亦實以經史子集四部之書。立國子監。而選擇儒官甚備。新敞黌舍。頗遵太學月書季考之制。以次第諸生。上而朝列官吏。閑威儀而足辭采。下而閭閻陋巷間。經館書社三兩相望。其民之子弟未昏者。則群居而從師授經。旣稍長則擇友。各以其類講習於寺觀。下逮卒伍童稚。亦從鄉先生學。於虖盛哉。且諸侯之就功實假天子之威靈。諸侯之作德。實循天子之風化。麗人之於中國。海隅侯伯之邦爾。今也文物之富如此。蓋自漸摩所致。不亦偉乎。譬猶日月三辰。假元氣以成列。而其照耀著見。乃所以爲天之明。草木百實資元。化以敷華。而其葳蕤藿靡。乃所以爲地之文也。若夫其國取士之制。雖規範本朝。而承聞循舊。不能無小異。其在學生。每歲試於文宣王廟。合格者視貢士。其舉進士、間歲一試於所屬。合格偕貢者合三百五十餘人。旣貢、又命學士總試於迎恩館。取三四十人、分甲乙丙丁戊五等賜第。略如本朝省闈之制。至王親試官之、乃用詩賦論三題。而不策問時政。此其可嗤也。自外又有制科宏辭之目。雖文具而不常置。大抵以聲律爲尙。而於經學未甚工。視其文章彷彿唐之餘弊云。

樂律

大樂與天地同和。而五聲之發原於五行。八音之辨生於八風。清濁高下。皆出於一氣。而手舞足蹈。有不期然而然者。則蕢桴土鼓。皆足以寓其聲、而吐其和。故自葛天氏之時。牛尾之歌已見於載籍。後世聖人作樂崇德。而以金石土革匏木絲竹之物。制爲鍾磬鞉鼓塤篪笙竽柷敔琴瑟管籥之器。以作以止。以詠以間。以合天地之和。而致神祇祖考之格。至於蠻夷戎狄之音。亦用合奏。有韎師以掌其樂。有旄人以陳其舞。有鞮鞻氏以合其歌歈。凡以與衆樂樂而樂。以天下初無間於夷夏。則兼收博采。所以示吾德之廣運也。詩云以雅以南以籥不僭。說者謂雅爲夏樂。南爲夷樂。二者合奏以成和。而協天地之中聲。然後爲備樂。然四方異域飲食異和。衣服異制。器用異宜。則樂亦不得而同。故東方曰韎。南方曰任。西方曰侏離。北方曰禁。各有其義而不可以混淆。若麗人則東夷之國。樂其本於韎乎。且三代之制。商曰大濩。周曰大武。箕子以商之裔。而受周封於朝鮮。則革其韎樂之陋者。當有濩武之遺音。啓變制作。經今千載。調聲應律。宜有可采者。熙寧中王徽嘗奏請樂工。詔往其國數年乃還。後人使來必齎貨奉工技爲師。每遣就館教之。比年入貢。又請賜大晟雅樂。及請賜燕樂。詔皆從之。故樂舞益盛。可以觀聽。今其樂有兩部。左曰唐樂。中國之音。右曰鄉樂。蓋夷音也。其中國之音。樂器皆中國之制。惟其鄉樂有鼓板笙竽觱篥空候五絃琴琵琶箏笛。而形制差異。瑟柱膠而不移。又有簫管長二尺餘。謂之胡琴。俯身先吹之。以起衆聲。若女妓則謂之下樂。凡三等。大樂司二百六十人。王所常用。次管絃坊一百七十人。次京市司三百餘人。亦有柘枝抛毬之藝。其百戲數百人。聞皆敏捷特甚。然以時王俁衣制未終。工人執其器。而不作。聲律之度。不可得而考也。

權量

戴記曰。制禮樂須度量。而天下大服。魯語曰。謹權量審法度。四方之政行焉。蓋王者之統御諸侯。雖本乎德化刑威。而所以一其政者。尤以權量爲先。三代盛時必自王府出嘉量等器。頒於邦國。掌之以其官。平之以其時。至於巡狩、又協而同之。使無內外遠近之殊制。然後爲天子之政擧。苟四方諸侯。於此三者、一有小易、則黜削誅廢。在法無赦。孰謂其器用之末、而可忽耶。夫五度之制。別於分、忖於寸、蒦於尺、張於丈、引於伸。於以度庶物之短長。五量之制。躍於龠、合於合、登於升、聚於斗、角於斛。於以量庶物之多寡。五權之制。始於銖、兩於兩、明於斤、均於鈞、終於石。於以權庶物之重輕。然皆必以銅範之者。乃取其同而不異。所以同天下而齊風俗耳。惜乎周道東轍。政失其柄。晉之協律者。作長尺考鍾。而失樂之中聲。齊之相國者。以大斗給民。而市已之私恩。唐之考歷者。失玉衡璿璣之制。則無以參天道。三辰之行。是其於耳目之近。猶不能審其同於法度之中。又況遠在海外之國。隙鯨波而涉蜃島。欲冀其一而同之。豈不猶推舟於陸耶。高麗爲國去中華三千餘里。自帝王極治。亦在覊縻之域。未聞有頒度量權衡。而協其同者。我宋龍興。德符高厚。而際天所覆極地所載。罔不臣妾。以故麗人稽首面內。願爲藩屛。取正中國。度量權衡。用爲標的。斯所謂仁恩横流。能懷帝者之未懷。武誼遐鶩。能制王者之不制也。乃者使人銜命適彼。燕饗獲其賂遺之禮。舟人適市。售其貿易之貨。默識其長短之式、多寡之數、輕重之等。陰以較中國之法。無或少若毫髮之差者。益賞其誠至也。夫謹於耳目之所及者。或慢於耳目之所不及。畏於刑威之所制者。或侮於刑威之所不制。今高麗道途迂篤。國都跨遠。既非耳目所可及。而主上含洪光大。待夷狄以寬典。寬又非規規然尚刑威以制之。彼乃能遵用度量權衡。若此其謹。蓋其心悅誠服。非勉强而爲然。書不云乎。關石和鈞。王府則有。夫以關石和鈞。惟王府之有。則其在私不敢改作。而惟我法度之同亦宜矣。

宣和奉使高麗圖經卷第四十

宋故尚書刑部員外郎徐公行狀

宋故尙書刑部員外郎徐公行狀

曾祖、爽。皇任祕書省校書郎贈金紫光祿大夫〇祿大夫三字宋本提行

曾祖母、葉氏。贈建安郡太夫人

祖、師回。皇任朝議大夫贈光祿大夫

祖母、林氏。贈咸寧郡太夫人

父、閎中。皇任朝請大夫直祕閣贈少保

母、葛氏。贈衞國夫人

公名兢。字明叔。姓徐氏。上世建州甌寧縣人。自光祿始徙居和州之歷陽。祕閣爲鄂州法曹。夜夢與黃冠師遊大澤中。探懷出小劍。以授祕閣而去。讀之蓋丁令華表所留語也。後五日大水冒城郭。官府悉遷避。秘閣寓居〇宋本作家黃鶴樓上。是夜實生公。公生數月。見

字畫。輒色喜踊躍。至十餘歲。頴異不群。作舉子業。詞源浩然。識者器之。年十八入太學。較藝。數占高等。試大比輒挫。政和甲午歲。以父任補將仕郎。授通州司刑曹事。尙書郎徐禋被旨措置東南九路坑冶寶貨。辟公爲幹辦公事。靜江有黃麟者。引大理國入貢。朝廷疑之。詔禋覈實。麟交通中貴人。權傾五嶺。靜江帥周穜憂懼失措。禋以屬公。公曰是罔易辦耳。呼其部曲來前。以立國歲月、山川風俗、雜詰之。皆喑不能對。詐狀遂白。雍丘闕宰。以朝命攝事。邑有兄弟交訟者。久繫不決。公至、飭守者。設一席。俾偕坐〇宋本作亞臥。食必共器。閱旬日乃感悟。相持以泣曰。令君敎我至矣。願自新安敢計曲直。其後更以友愛稱。里閭化之。獄訟衰止。京西部使者以佞倖進。遣逃卒二百輩。築室邑中。肆爲暴盜。一邑大擾。公捕治之。使者託上冢得旨。抵邑縱其徒。鼓噪〇宋本作梟入獄。盡解所縛以出。公曰位無高卑遵三尺。法奉天子均也。否則吾欺君矣。欺君媚人。吾不忍爲。於是密掩其室。復得凶黨。聞所屬寘之法。無一人得逸者。治譽著聞。移攝鄭州原武縣事。單車造官。時提舉炭事者。挾其弟貴勢要功肆虐。建委沿流造舟。威震郡邑。械繫滿道。檄公治後至者與慢令者。公歎曰。令不賢、不能庇民。其忍至此極刑、乃䟽其害、聞諸朝。願以身贖無辜。害因訖息。舊令貪虐病民。公摩拊備至。邑人詣闕、冀公即眞。爭具車馬迎公家屬。秘閣不欲。懇白相國乃已、燕國鄭公謂同列曰。使縣令皆如徐兢、天下其有不治者乎。調濟州司士、曹事未書。考丁內艱。服除。監元豐庫。宣和六年。高麗入貢。請於上願得能書者國中。繼遣給事中路允迪報聘、即以公爲國信所提轄人船禮物官。因撰高麗圖經四十卷、詔給札上之。其所自叙曰。漢張騫使月氏十有三年、而後歸。僅能言所歷之國地形物產而已。臣在高麗月餘。館有兵衞。出才五六。至於驅馳車馬之間獻酬尊俎之上。耳目所及非若十三歲之久。而其建國立政之體。風俗事物之宜。繪畫紀次殆無遺者。非敢矜博洽、飾浮剽、以塵上聽。蓋撫其實庶幾報器使之萬一。徽宗皇帝覽其書大悅。召對便殿。賜同進士出身。擢知大宗正丞事。兼掌書學。遷尚書刑部員外郎。時相册免坐親嫌。謫監池州永豐監。丁外艱、服除。授沿江制置司參謀官句奉祠主管南京鴻慶宮。自是三領台州崇道觀。公資明銳。遇事立悟。撥煩濟劇。出於譚笑。機張鍵閉。人莫得而窺測。孝悌自天性。自歙犯淮甸。徙家信之弋陽。自以先隴隔絕。不勝悲思。而光祿嘗佐饒。秘閣又嘗漕江東。有祠在德興縣青雲佛宇。公歲時造祠下。蒸嘗不少怠。母兄今敷文閣直學士林至。忤時宰南遷蒲陽。公不遠千里走省之。久之不忍去。曰。傷在手足。何暇顧妻孥哉。

公倜儻好施。視貨財如糞土。周人之難。急於謀身。河南少尹許滂。偕公渡彭蠡。滂舟覆。公拯之。全其家二百指。且厚致饋。滂後遣謝。公一無所取。故人宋浦以事下大理。當償錢四十六萬。行匄於市。公楮中有茶劵。適及其數。捐以與之。浦獲免。凡疏戚遠近孤獨困窮。公脫之於憂患。助之以婚姻葬歛者。蓋不可以一二計也。公鄙章句學。而漁獵古今。探賾提要。下至釋老孫吳盧扁之書、山經地誌、方言小說。靡不貫通。在貴人前抵掌論事。常傾一坐。文詞雋敏。立就下筆。袞袞不能自休。尤長於歌詩。過西楚霸王廟。留二十八字。中書舍人韓駒見之曰。後人殆不可措筆矣。畫入神品。山水人物二俱冠絕。嘗戲爲平遠題長句其側。以遺駒。駒每出以示人曰。明叔詩爲畫耶。畫爲詩耶。雖濡毫漱墨。成於須臾。而張絹素。或經歲不顧。世人所藏多出他手。或公所指受云。公處事無大小皆妙有思致。他人窮智慮莫能及。洞曉音律、且善嘯。閒命倚笛和之聲嘹然猶出其上、塵飛幕動。殆若鸞鳳群集。飲酒至二斗不亂。與客對。必引滿先酹。酒半譚辯風生、或游戲翰墨。吹簫搊瑟。超然疑其爲神仙中人也、天下士聞公名、率願納交。微賤小夫及門、遇之亦必盡禮。有所求無細大響應、人之有善、喜若己有、故所在人翕然親愛之、雖蠻貊行焉。治圃數十畝、名洗硯池、幽勝聞江南、自號自信居士奉祠者二十年、安於閒退、若無足動其心者、惟眷戀墳墓不置。紹興辛未歲。還歷陽焚黃告歸。及吳門被病卒、嗚呼以公抱負如此、而自壯歲去國。拓落無所施、雖公處之裕然、而有志之士。蓋爲時嗟惜者、或至於涕泳〇宋本作流也、公生以元祐六年五月八日。終以紹興二十三年五月二十一日。享年六十有三。累官至朝散大夫。賜三品服、娶陳氏封宜人、後公五年卒、子男三人。曰集、早卒。

曰藏〇宋本作箴右承直郎江南西路轉運司幹辦公事。繼從兄朝奉郎喆之後。後公十三年卒。曰箴〇宋本作篋右廸功郎監淮西江東總領所戶部大軍庫。女二人。長適右奉議郎知臨江郡新淦縣事次師文。次適右宣教郎知福州懷安縣事李栞。孫男六人。曰元老、右修職郎。曰同老。曰明老。曰洋老。曰籍、將仕郎。其一未名。孫女八人。長適左廸功郎鄂州州學教授劉璧。次適進士朱縉卿。次適將仕郎俞。餘未行。諸孤奉公之柩。以是年閏十二月初一日乙酉。葬於弋陽玉亭鄉龜峰之吉原。公家舊多騎省遺物。世父贈光祿大夫時中寶一硯。傍著鼎臣二字。嘗謂群兒曰。有能紹素業者。當以是與之。時公始結髮。能知憤激。刻意篆籀。世父舉以授公。而公之生。有十〇宋本十作千歲來歸之兆。故人謂公爲騎省後身。初少保命公題咸寧墓碑。不能成。禱於佛。取般若心經習書之。至實字。偶見風幡飛動。因悟體勢。自此擅天下重名。徽宗尤所愛賞。嘗召至禁中。書進德修業四字。袤丈許。至業字。公特出奇變。行筆之敘。留中畫。最後落脩。勁端直如圓石。墜千仞。上駭異稱善。左右皆失聲。其運筆精熟。周旋曲折。雖夜屏鐙漏〇宋本作燭無毫釐差。眞行遒麗超逸。褚薛顏柳衆體兼備。晚好作草。左逼懷素。夭橫馳騁。其用無窮。〇宋本無夭字下八字天下言書者。以公爲宗。小學家之論曰。自李斯變小篆。而秦漢間無能繼者。碑碣所傳非特筆法無取。而偏傍亦復舛誤。由魏晉迄唐。唯李陽冰號獨步。豈以此學中絕故。陽冰得以冒此名耶。元次山之甥李康叔靜。書浯溪峿臺二銘。頗得秦法。其視陽冰霄壤矣。而名不大顯。事固有幸不幸哉。騎省兄弟祖述李斯。小學奧雅。克配叔重。而公又繼之。其原深矣。斯之遺跡火於嶧山。自唐已不存。歐陽文忠公集天下金石刻甚備。而泰山之頌僅有數十字。大觀間河間劉跋登山巓。周視刻石。始得其全。然距靖康之亂。才十餘歲。墨本之在人閒者固旡幾。學者謬謂法斯。果甞多見也哉。公獲是刻。寶蓄而諦玩之。旣盡得斯法。而又考按三代鑄鐘鼎彛之器。訓釋款識。悉有依據。至於大篆。筆力奇古。其沈著處不異鑽刻。若非豪楮所能成。且復陶鎔醞釀。變入小篆。離析偏旁。脗合制字本意。〇宋本有縱橫馳騁其用無窮八字嗚呼前古名筆。固屈指可數矣。九原不作。後來尙有繼之者耶。公歿迨今十五年。其葬也遽未及銘。孝伯世家歷陽。且託姻公門。散迹公行事大略。以俟作者。紀而誌之。鑱石置墓上。謹狀。

乾道三年四月初十日、左廸功郞寧國府宣城縣主簿主管學事張孝伯狀。

宋徐兢撰宣和奉使高麗圖經。遭靖康之變。已亡其圖。乾道三年從子蒇。始刻於澂江郡齋仁和趙氏小山堂又有高麗本。不知刻於何時。今俱不可得見矣。近世流傳惟明末海鹽鄭休中重刊本。其間脫字凡數千。第二十七卷又錯簡不可讀。同里胡夏客。曾以鈔錄宋本讎對。亦僅正十數字而已。予家所藏雖善寫不工。較爲完善。因參合鄭本刊以行世。中有與鄭本互異。及小有脫漏處。仍俟博古家藏有宋刻者訂正焉。乾隆癸丑端陽歙鮑廷博書於知不足齋。

後記

宣和奉使高麗圖經は、宋人徐兢が高麗に使して見聞した事を詳記した書である。もと圖書と文章とで互に説明したものであるから圖經と稱したのであるが、圖は間もなく泯び、文即ち經のみ殘つたのである。徐兢は宋の徽宗皇帝の宣和五年癸卯(高麗仁宗王元年・皇紀一七八三)に正使給事中路允迪、副使中書舍人傅墨卿の下に提轄官となりて高麗に使し、王都開城に在留する事約一ヶ月、其の間耳目の及ぶところ、衆説を博采し、本國宋と異なるものを記して本書を著はしたもので、其の書は二十八門に分ち、更に細別して三百餘條とし、其の形あるものは之を圖にして示し、其の事を文を以て説き、高麗の地理、宮殿、人物、風俗、典章、制度、儀式、器皿、往來路等を詳記したのである。徐兢は此の書が出來上ると之を御府に上り副本を家に藏した。靖康の亂に圖は全く亡びて傳はらざるに至つたが、經の方は乾道三年に至り兢の從子の蔵が刊刻したので、世に傳はるに至つた。

後記

宋人の高麗の事を記したものに、吳栻の雞林記二十卷、王雲の雞林志三十卷、孫穆の雞林類事三卷等は著名のものであるが、今日では或は全く滅び、或は王雲・孫穆の書の如く僅かに一小斷篇をのみ傳へてゐるにすぎない。高麗圖經の如く、たとひ其の貴重な圖を失したとはいへ、其の文を完全に傳へて居るものは他に無いのである。高麗時代の研究史料は、朝鮮の文獻では官撰高麗史と若干の遺文があるにすぎない。徐兢は宋人であつた、而して彼が外國の高麗に就きて關心したものは、今日の我々が高麗に就て關心するものと同一である。彼は處を距てゝゐ、我々は時を距てゝゐるが、高麗につきて關心するものは彼我略ぼ同一であるが故に、彼の書は我々が問はんとするものに答へてくれるのである。本書は高麗史等の記事では知る事が出來ない事を說き、實に尊重すべき記事を有してゐる。

此の書は古く朝鮮で刊行したことある樣に傳へられてゐるが、其の事は疑はしい。支那では明末に鄭氏刊本があつたが、脫字や錯簡の多かつた事は知不足齋本の校正記によつても明白である。私は此の刊本を見た事がない。清乾隆年間に至り、鮑廷博が知不足齋叢書を編するに當り、一寫本を得てこれと鄭氏刊本とを參合して、其の叢書に收めた。是れから此の書が廣く世に知らるゝに至つたが、遺憾な事には大部の叢書中にあるので、普通の讀者には購讀に不便である。鮑氏は本書を校正するに當り、宋刊本を見るに及ばず、其の刊記には「宋刻本を有する者の訂正を俟つ」と記した。明治年代の末に釋尾氏の朝鮮古書刊行會にては知不足齋本を翻印したが、今日では此の印本も稀少となつたので研究者には不便が少くない。

然るに宋の乾道年間の刻本は、奇蹟的にも一本を清帝室の故宮昭仁殿に藏せられてゐたものが、今北平の故宮博物館に移藏せられて存在してゐる。天祿琳琅後目に著錄せられてゐるものが是れである。私は今俄かに此の宋本を見るの機會なきを嘆じてゐたが、藤塚教授から清人蔣光煦の斠補偶錄には、知不足齋本を此の乾道刻本を以て校正した記事があ

後記　四

ることを敎へられ、且つ其の書を惠貸せられたので、私は乾道刊本の原文字を知ることを得た。

朝鮮學叢書の一として印行する本書は、知不足齋叢書本を以て原本とした。但し目錄各卷下の細目は讀者の便宜のため新たに私が加へたものである。前記の北平故宮博物館藏の乾道刊本を見るを得ないのは遺憾であるが、藤塚敎授の好意によりて鷄補偶錄にて校正するを得たるは敎授に深謝するところである。本書の註に○符の下に宋本云々とあるは該書の校正記である。

昭和七年一月

文學博士　今　西　龍

宋槧宣和奉使高麗圖經校記

附錄

宋槧宣和奉使高麗圖經校記

小引

本書の印刷半ばにして、藤塚教授はまた、民國十九年に段瓊林氏が、同じく知不足齋本を乾道本を以て精校し、宋槧宣和奉使高麗圖經校記を著し、北平の女師大「學術季刊」第一卷第二期に載せられてゐることを敎へられた。借覽するに、乾道本を見るを得ないものにとつては、益するところ多く、さきの蔣氏の校正を補ふものまた少、なくないので、ここに附錄としてそれを轉載することにした。その原文には、各條知不足齋本の丁數行數を示してゐるが、今改めて本叢書本の頁數行數に代へ對照に便した。

段瓊林

宋槧宣和奉使高麗圖經校記

（知不足齋本以宋乾道本校）

宣和奉使高麗圖經四十卷、宋徐兢撰。乾道三年、其從子蒧刊於澂江郡齋、半葉九行、行十七字。版心中記卷幾、下記刊工姓氏、有沈忻黃康徐益毛福音裘舉陸榮等人。首有兢進書序、末附張孝伯所撰行狀及蒧刻書跋。（案鮑本此跋在書首序後）書中卷二第四葉及卷八第五六兩葉均係補鈔。有錢遵王藏書、天祿繼鑑、暨乾隆各印記。舊藏故宮昭仁殿、天祿琳琅後目所著錄者也。因覩知不足齋所收此書多有錯簡漏誤之處、鮑跋併有俟博古家藏宋刻者訂正之語。乃以公退之餘、取鮑本對勘一過、添改綦夥。第二十七卷西郊亭條補入二十字、第四十卷儒學條至脫二百五十三字、咸爲手寫補入。其餘訂正塡補之處、不一而足。尙有明末海鹽鄭休仲重刻本、蓋鮑氏所據以參合校正者、玆亦附入、資比較焉。十九年七月二十日瓊林記。

序

一頁

一行　宋本正文前有「奉議郎充奉使高麗國信所提轄人船禮物賜緋魚袋臣徐　兢撰」二十五字知不足齋本缺又每頁中縫知不足齋本作「高麗圖經

一

附錄　宋槧宣和奉使高麗圖經校記

序」五字宋本只「經序」二字

二　臣聞 宋本臣字略小在行之中間知不足齋本係側寫下均同不悉記

三　萬國幅湊 知不足齋本作輳

六　槁 犒 犞之類

七　復命于 於 王

二　三　皇帝天德地業畢萬國乃眷高麗被遇神考益加懷徠遴擇在廷將命撫賜恩隆禮厚前未之有 宋本皇地畢眷神懷遴延命恩禮等字起均擡頭

一〇　又不足以補報朝廷器使之萬一 宋本朝字起擡頭

一三　簡去 汰 其同於中國者

三　三　蓋傚古 脫古字 聚米之遺制也

七　獻訓 酬 尊俎之上　非若十三歲 載 之久

九　以塵冕旒之聽 宋本冕字起擡頭

以復于 於 朝　有詔上之御府 宋本詔字御字均擡頭

二　二　宣和六年八月 下有六字 日 宋本自宣字起與正文接連

四　一　仲父既以書上御府 此節宋本附卷末知不足齋本在序後

目錄

每頁中縫知不足齋本作「高麗圖經目錄」六字宋本只「目錄」二字

一　二　宮殿一 知不足齋本一字側寫以下各條數目字均同不悉記

六　三　供張 作帳下同

卷一

一　三　臣聞夷 蠻 狄 戎 君長

二　三　而以高麗 驪鄉本亦作麗 爲國凡有五部曰消奴部曰絕奴部曰順奴部曰灌奴部曰桂婁部 下四部脫曰字鄉本有

七　於是始稱王焉 稱下衍焉字鄉本亦無

九　能 誤作麗 遣邊吏建武 始 八年

三 三 長曰拔奇者（脫者字 鄭本無）
三 故名曰（無曰字 鄭本有）位宮
七 以爲榮（營）州牧
九 高宗又命李勣往（討）平之
二 武后遣將擊殺其王（主）乞昆羽而立其王（主）
乞仲象
三 據于（於）挹（桂）婁
每頁中縫知不足齋本（以下簡稱知不本）作「高麗圖經卷
一」六字宋本只「經一」二字以下各卷均同不悉記

卷二

五 三 （臣）旣已（以）槩敘之于（於）前矣
四 尊事本朝（宋本本字起擡頭以下各卷擡頭之字不悉記）
九 請命于（於）明宗
六 四 臣事北虜（境）
五 逼於强虜（鄰）
六 班（頒）正朔
九 憚於北虜（境）
九 而貢使又絕（宋本而貢二字並排）
七 二 三年四年連（遣）使來朝
五 閤（閣）門副使
二 吳栻（拭）
八 三 亦有體貌（宋本寫作貟下悉同）

卷三

二 三 唯（惟）新羅百濟
三 三 正與登萊濱棣（誤作濱隷鄭本誤作演棣）相望
七 其西北與契丹接連（相接鄭本亦作接連）
三 在平壤城西北四百五十里遼水東南四百八
十里（脫遼至里九字鄭本誤爲遼水東西四百八十里）

附錄　宋槧宣和奉使高麗圖經校記

一三 一〇 今尙置開成府 鄭本成誤作城
一四 二 應賓 誤作實鄭本亦作賓 主
三・四 委蛇 鄭本誤曲 復從丙 鄭本誤南 地流出
五 後崗前嶺 鄭本誤作前崗後嶺
一五 一 外無濠塹 壕塹
三 外門十二 鄭本誤作十一
四 曰崇仁（注）舊曰東門 鄭本誤作東門 曰安定（注）舊曰須
恤 鄭本誤作須知 乃麗人方言也
六 （注）舊名曰崧山
七 （注）舊名曰金郊
一六 五 左曰博 鄭本誤溥 濟
一七 一 祈禳 鄭本誤禱
六 特外示觀美 下有云字 耳
一〇 以日中爲虛 墟

二 工技 伎
惟紵布銀缾 瓶 以准 準 其直
一八 一 中間朝廷賜予錢寶 中間下鄭本剩注云闕六字非是
五 粗有壘塹 塹

卷四

一九 七 然材乏之 工拙
二〇 六 其城皆爲 誤作無 夾柱
九 通楊 揚 全羅三州
二二 一 南偏門傍 牓 儀制令四事 字 北門榜 牓 周易
乾卦繇五字仍有春貼 帖 子云
九 左右兩挾 披
一〇 去會慶殿門 鄭本門下有外字非是
二三 六 石梯隥 磴 道
七 中間 門 唯 惟 詔書得入

四

卷五

二三 六 隨水草溫涼以 遷 徙
八 至今王之所居堂仍在 脫乃在二存鄭本有
一〇 古木交蔭 陰
二四 三 三閣 鄭本誤閤
五 大臣五日一見別有議政之堂 見下脫別至堂六字作每見直至大堂六字鄭本與宋本同
六 聽旨受事 令 則立於門外惟執奏官當門授之
升堦 階 復位 受事下脫則立於門外惟執七字另作凡有事當上五字鄭本與宋本同
三 東西兩堦 階
二五 六 彼 誤被 使者至

卷六

二七 九 易爲別 誤便鄭本同
一〇 殿恐是今建閣 鄭本誤閤 之地

二八 七 前建三閣 知不本疑三爲二非是
九 監 鄭本誤兼 修國史
二九 六 甲戌有二 鄭本誤三 日
九 參知政事臣晙 俊
一二 予顧德不類 鄭本脫不字
一三 罔 罔 不資稟
三〇 三 諒 賚 齎 桂香
四 皇 惶 駭恐懼
七 玻梨馬瑙 宋本作腦當誤
一〇 或獻或訓 酬 和樂孔皆 偕
三一 五 則發 鄭本誤登 內府之寶藏
三 禮儀卒 誤作率鄭本是 度
三二 一 風俗之化原 源
四 代匱宰 鄭本誤率 府

附錄 宋槧宣和奉使高麗圖經校記

附錄　宋槧宣和奉使高麗圖經校記

二三　三　在由巖山之東（鄭本誤作阜）　又有辰韓（鄭本誤鼓）　朝鮮常
（長鄭本亦作常疑當作長）　安樂浪卞（誤作下）　韓金冠六宮

二四　二　王繼母之宅（宮鄭本亦作宅）
其田土昔領於壽昌（鄭刻土昔二字誤爲上等）

卷七

二五　四　金銀自（首案當作首）　飾而大（太）　加主簿著幘如冠小
加箸折風如弁
六　革帶皆（脫皆字）　金玥（鄭本玥誤飾）
九　謹列之作冠服圖（下衍云子）
二　高麗王常服（王上脫高麗二字鄭本有）
紫羅勒巾（誤作中）

二六　二　拜舞抃（忭）　蹈極謹（誤作稱鄭本同）　臣節或闕（脫闕字鄭本有）　平
居燕息之時
一曰大對盧（誤作盧）　總知國事次曰太大兄次（下衍
曰字）

六
曰字）　𩯭折次（下衍曰字）　太（大）　大夫人使者次（下衍曰字）　衣頭
大兄掌機密謀政事逗（遣按作遣赴）　發兵馬選授官
爵次（下衍曰字）　大使者次（下衍曰字）　大兄收位使者（兄下脫收位使
者四字誤爲次曰位使者四字）　次（下衍曰字）　上位使者次（下衍曰字）　小兄次
（下衍曰字）　諸過節次（下衍曰字）　先人又有掌賓客比（脫比字）
鴻臚卿以大夫（兄）　使者爲之

二七　三　曰大摸（模）　達
一　次（下衍曰字）　末客
四　唯（惟）　官至太師（史）

二八　五　六上直官（鄭本作宮誤）
八　緋（紫鄭本亦作緋）　文羅袍
三　其於（脫於字鄭本有）　階官

二九　四　烏韈（韈鄭本亦作韈）

卷八

四一 五 有勳有賜 使鄭本亦作賜
七 刑部侍郎 誤作部
八 知青州 青誤作淸鄭本亦作靑
四二 三 梁鱗 鱗 金惟揀 棟
五 金端 鄭刻誤瑞
七 閔仲衡 閔誤作敏
四四 四 資諒風貌 姿鄭本亦作貌 凝靜
四五 一〇 頤父徽嘗娶金氏女頤子於仁揆有元舅之尊 女下宋本（此頁係補鈔）無頤子惟空一格
一二 故進 宋本無進字故下空一格 位司空使居 宋本無居字使下空一格 樞府
一三 進止端重□爲所擇以接使華也 重下宋本亦空格不知係何字
四六 四 其國事無巨細 其下宋本無國字空一格
五 必卷卷 惓惓 有傾葵之意

卷九

附錄 宋槧宣和奉使高麗圖經校記

四七 四 略無分 宋本作介 辨
七 今幷 倂 繪其儀物如於後
一〇 製以絳 鄭本誤絲 羅
四八 一 燕則立 鄭本作止 于於庭中禮畢乃徹 退鄭本亦作徹
七 其上 宋本此處極爲模胡上字似爲下字 微隆行禮排立在於螭扇之次
一二 但難於愛 保鄭本亦作愛 護歲月旣 脫月旣二字鄭本有 久
一三 如初製 制
四九 一 曲脚幞頭 脚幞二字顚倒
六 其制高一丈二 鄭本誤作一 尺
八 青蓋之制 脫靑蓋之三字誤作其制鄭本與宋本同
一〇 今此覆蓋 此誤作以鄭本亦作此

卷十

五一 九 闊一尺五寸 鄭本誤爲一丈五尺

七

附錄　宋槧宣和奉使高麗圖經校記

五二　八　立於會慶殿兩階之（脫之字）下

卷十一

五五　五　執役服（誤作赴）勞

六　初高麗在魏世（鄭本魏誤作晉）

一〇　曰超軍猛軍海軍（猛軍與海軍顛倒鄭本是）

五六　一　幾及二尺（鄭本誤作三尺）

緌帶垂胯（鄭本誤作袴）

二　高帽錦采（誤作衣鄭本亦作采）

三　列之（脫之字）于（於）後

七　則置一人於兵（脫兵字鄭本有）仗之內

所以待使人（鄭本待誤作侍）

五七　四　此則（脫則字）古弁之遺像也

五八　八　有喧嘯（嘩鄭本亦作嘯）

一〇　取御史彈劾之意（義）耳（宋本無耳字）

五九　五　袖衫（誤作彩）圈著（鄭本誤者）

卷十二

六二　五　十餘人（鄭本十誤作千）

六三　二　服飾（誤作與）人材

九　軟帽（誤絹鄭刻誤帶）

三　白袴皁履（履）

六四　九　則止於順天外門（知不本疑作門外非是）

卷十三

六六　三　發射（矢鄭本亦作射）不候引滿

九　上爲馬鐙（鄭本上誤作止）

六七　一　各列十二枝（枚）

六　唯（惟）疊蘊槼（㮤）如蚊虻之音

一〇　上施五刃（誤作兩）

六八　三　以象玉璩（誤作璇）瑧珌之屬

八

卷十四

六九　五　以緋衣仗軍十數（餘）人架之

七二　一　頤自愧其陋焉（頤自二字誤作頣目）

卷十五

七三　五　道涂（途）磽确

七五　一　亦猶侍從官之有猊坐也（宋本坐寫作垩疑當係座）

四　鞍轡之制唯（惟）王所乘以絳羅繡轡益以金玉

飾國官大臣（宋本之至國十七字並排衔擠官字起與正文同）

二　馬瑙（宋本寫作瑙）

卷十六

七七　九　臺省（誤作省臺）

七八　八　日良醞局四門（宋本曰至門六字並行擠書）

三　管絃（弦）有坊

七九　一　又有開成（鄉本誤城）府

附錄　宋槧宣和奉使高麗圖經校記

一〇　大義倉舊在西南門（誤爲西門內鄉刻亦誤）

八一　九　惟市藥則問（閒）以錢寶（誤貿）焉

八二　五　械送王城（宋本王字上空兩字）

卷十七

八三　四　唯知呪咀（詛）厭勝而已

七　亦於此行禮焉（鄉本於誤如）

一〇　則具車（誤專）服冕圭親祠之

八四　三　以祠（祀案作祀是）神爲名

八五　三　驚奔嗽（漱）石

四　曰清軒（缺清軒二字）

過山門閣（誤闕）

六　卽今太師蔡京（脫京字鄉本有）書也

八七　七　大宋皇帝聖壽萬年覩其傾頌之意（缺年至頌五字）

二　映帶（鄉刻誤繞）

附錄　宋槧宣和奉使高麗圖經校記

八八　四　此文王(謂徽也)　遣使告神宗皇帝(王字下多翊德山三字)

一〇　次曰印經(鄭本印誤即)

九〇　三　舊有小室(屋)

卷十八

九三　五　丐(匄)請道士

九四　五　其法粢(粢)盛

一〇　昔人猶愛羊存而禮之意(之下多大字)

九五　四　小而聲愁(悲)

九六　一　皆服山(誤出)水衲

烏革鈐(誤鈴)履

六　三重和尚長老(鄭刻誤光)　服紫黃貼相(鄭刻誤廂)

七　擇聰慧(宋本作惠疑誤)辯博者爲之

九七　二　自初(幼)出家　亦無貼相(鄭本誤廂)

三　次(誤以)第遷升

卷十九

九九　四　山林至(誤居鄭本誤衆)多

七　冠于(於)篇

一〇〇　九　悉歸于(於)公

二　其工技十有一擇其精巧者留於王府(宋本十至巧七字並排擠書)

弟(第)浮僞頗多

卷二十

一〇二　九　不善(喜鄭本亦作善)塗澤

一〇　自頂(誤項)垂下

二　裏(誤衷)以生綃(綃鄭本亦作綃)

一〇四　一　藉(籍)以大席

一〇　貫(鄭刻誤竪)以小簪

一〇五　六　貴女(鄭本脫此標題案此條幷無闕文)

一〇六 八 亦不被 披 髮
五 水米飲歠 飲誤飯鄭本米誤未

卷二十一

一〇七 四 衣冠禮儀 鄭刻誤義
一〇八 九 倉庫 廪
一一〇 一 蓋宮帷中所小僮 童 也

卷二十二

一一一 八 稍倣 宋本放案當作倣 唐制
九 昬 婚 嫁
一一三 三 此其 則 大可駭者
四 今姑憁其耳目所聞見者 宋本無聞字當非是
五 附于 於 後 后
七 夜分自山島州郡郊亭館舍 州下多縣字館下缺舍字鄭本與宋本同
皆於庭中以 脫以字 束芟明燎

一 然而終不甚明快 脫而字
三 庭 宋本作廷似誤鄭本誤爲筵 中設紅紗燭籠
一一三 四 中庭 宋本作廷似誤 立表以揭牌
七 鄉飲 鄭刻脫此條
八 唯 惟 王府與國官有床 牀 桌盤饌
九 東漢豫章太守陳蕃 漢下多惟字
一一四 三 皆賈 誤作國 人販自京東道來
二 治事 鄭刊脫此條
四 已事則弁 棄 之 脫之字
八 答禮 鄭刊脫此條
三 禮人不答反其敬 反其敬三字宋本作返其欽當非是
一一五 一 給使 鄭本脫此條
六 員郎 誤作外 以上

卷二十三

附錄　宋槧宣和奉使高麗圖經校記

一一七　六　不以爲恠 怪
一一八　九　亦可厭 宋本作猒 也
一一九　一〇　縛手 四 足
一二〇　二　置大瓮 甕
六　廣楊 揚 永三州
一〇　亦有生熟 宋本作執似誤此條下二熟字均同 二等
一二一　二　硫黃 宋本硫作流似誤
三　絕品謂之絁 誤作絕鄭本亦誤
六　又 鄭刻誤大 勝於前
七　而螺鈿之工 誤子鄭本亦誤
九　搥 槌 搗皆滑膩
一一　榛榧最 鄭本極亦作最 多云

卷二十四

一二四　九　執小紅旆 鄭刻作旗

一二七　三　石 鄭刻誤王 憚
六　年 鄭 鄭刻誤鄭
一三　每 誤再 出節即供給之人各執于 於 前綮 宋本缺綮字空
一格 采奪目以示榮耀 宋本燿 于 於 外國焉
一二八　三　到 誤副 □公會 宋本公上亦空格
五　屆使又次之 鄭本闕使字
七　武翼 誤翊鄭本亦作翼
九　行馬在副使之後 鄭本闕使
一二九　三　管句 勾 舟船
六　管句 勾 禮物

卷二十五

一三一　三　耋 耊 老
六　齊侯雖霸 伯
一二　遣屆使一員 鄭本闕屆

一二

一三一 一 館伴屈使 鄭本闕屈字

一三三 二 國官拜舞 誤爲舞拜

三 使以詔授王 王誤玉

一三五 五 用褎 誤褒 乃顯德

九 副使以 宋本無以字 詔授使

二 緬惟永慕 誤作嘉

卷二十六

一三八 七 其獻酬之禮則見於別篇云 宋刊作也似非是

九 兩廊籍以緣席 鄭本兩誤西緣誤綠

一三九 一 立于於廷庭中

三 每燕樂 鄭本誤飲 行禮

七 欲親起酌酒爲勸 宋本作勸似誤 使者固 鄭本誤同 辭

一四〇 六 王 誤主 遣某官勸上節酒

一四一 七 鄒轄提轄以下分坐于於東西序中下節以次

一 至坐于於兩廊酒止十五行 宋本于至酒十四字並排擠書

三 莫不驚欸嘆

一四二 二 王親酌別酒一 脫一字 巨觥

卷二十七

一四五 八 制度華 誤華 侈

一四六 七 爲館伴官位 誤作仁

二 清流環遶繞

一四七 二 館廳 鄭本脫此標題

三 正廳五間兩厦各二間不設窗戶通爲九楹 鄭本脫以上十七字

五 四面盆 盡案當作盡 張繡花圖障

六 自爲 餘疑當作餘 賓主國官分東西侍坐而已

一四八 二 丹雘艧華侈

六 其制四稜上爲火珠榜曰樂賓 宋本稜至榜六字並排擠書

附錄　宋槧宣和奉使高麗圖經校記

一四九　五　上施錦茵 裀

一五〇　二　而營治草創不設寢室唯具食頓而止各有休憩之次使者初到 草下缺創至初二十字

卷二十八

一五四　六　鷄鶒 鸂鶒

三　不以皆 脫皆字 當堂奧之中也

一五五　一〇　光明臺檠 擎 燈燭之具也

二　甌中有□可以燃 宋本作然下同 燭 有下當有闕文惟宋本不空格直接可字究不知係何字

一五六　三　丹漆俎蓋王宮 誤官 平日所用也

二　兼以待使華 華使 也

三　穴地爲火炕 誤坑

卷二十九

一五九　九　要 腰 不用橫帛

一六〇　二　畫摺扇 宋本摺作褶當非是此條首句摺字亦同

四　觀其所續 績 衣物信然

六　貫以采 綵 組

三　搥 槌 壓成線

一六二　二　草屨 屨

三　草屨 屨 之形前低後印 昂

卷三十

一六三　三　古朴 樸

五　仿佛 彷彿

二　用銀三十 鄭本誤千 斤

一六四　二　其制如 用案當作用 銀三斤

一六五　二　環長一尺二寸 宋本一字甚模胡似二字

卷三十一

一六八　三　水釜之形 鬴

一四

有二鄭本誤三獸環貫木可以負荷誤作持

三 量容二鄭本誤一斗

一六九 五 高一鄭本誤二尺

卷三十二

一七一 五 金花烏烏盞

七 茶遍徧乃得飲

一七二 一 國無稉粳米

六 舟中嵲屼屼

一〇 面誤而爲荷花伏鴨之形

一七三 二 皆織放倣定器

五 所以別精麁麤也

一七四 六 米麵麪鄭本誤麯

卷三十三

一七五 一〇 惟設艫柂柁而已

二 有此等巡船十鄭刊誤千餘隻

一七六 八 布帆二十餘幅鄭本誤作一十五幅

一〇 凡十鄭本誤千餘舟

一七七 五 各以采誤朱纒係之

七 紫燕洲誤作州鄭刊誤作淵

八 而麵麪食爲先海錯尤爲珍異器皿多用金銀尤下缺爲珍異三字又宋本先至皿九字擠書

一七八 四 以茶米酢酬之

卷三十四

一八〇 三 縈係平日

一八二 七 山石之所峙峙

一八三 一 而歡呼嘉歎嘆也

一八四 一 則加游遊矴

五 以爲缺爲字輕重之度

附錄　宋槧宣和奉使高麗圖經校記

一八六　八　委虵（蛇）而行
一八七　五　舟人謂之摳（拒）風
一八八　五　海舶（泊誤）往來
　　　　九　人皆懽（欲）躍
一九〇　六　故加小颶於大颶之上（於至上五字宋本並排擠書）
　　　　七　惟（維）視星斗
一九一　一　申後（行誤）風轉
　　　　六　遇（過）沙多有被害者

卷三十五

一九三　四　乘平（東）南風
一九五　一　昔海程亦（云）是使舟頓宿之地
　　　　三　每中朝（國）人使舟至
一九六　三　月落夜昏（宋本夜昏二字並排）

卷三十六

一九八　三　隨潮寸（而）進
　　　　一〇　苦苫苫（鄭刻作苫苫誤）
　　　　一一　亦有居人（民）
一九九　九　秉（乘誤）旗幟列植者
　　　　一一　數百仞（鄭本誤作有數仞）
二〇〇　二　使副居上（宋本此四字並排擠書）
　　　　四　國俗皆雅揖（宋本此五字並排擠書）

卷三十七

二〇三　五　使者以書囘（辭）
二〇四　七　馬島（宋本嶋作島下均同不悉記）

卷三十八

二〇七　五　雙女焦（鄭本誤作雙文焦）

卷三十九

二〇九　九　兵仗禮儀（儀禮）加厚

一六

三一　九　當使波神効 效 順以濟

三三　九　憑仗忠信 宋本無憑字

卷四十

三五　四　樂律所以導天下之和也 宋本無之字

三七　五　而逃於蛤窟 宋本作堀似非是

三八　一　至於尊事聖宋 朝 則始終如一

三九　二　鷄林之人引領嘆慕至以 下脫宋本一頁（第五頁）計二百五十三字鄭本云闕一百字似誤玆照宋本逐錄于下 至以 一金易一篇用爲規範則其用心可知矣觀夫倭辰餘國或橫書或左書或結繩爲信或鍥木爲誌各不同制而麗人乃摹寫隸法取正中華至於貨泉之文符印之刻舉不敢妄有增損字體者是宜文物之美侔於上國焉炎宋肇興文化遠被稽首扣關請爲藩臣其使者每至來朝觀國之光歆艷晏粲歸而相語人益加勉淳化二年廷試天下士彼亦賓貢其人來獻文藝太宗皇帝嘉之用擢其數內王彬崔罕等進士及第授將仕郎守秘書省校書郎津遣還國時國王治上表致謝詞甚感戢神宗皇帝憫俗學之弊命訓釋三經以發天下蔽蒙特詔賜其書本俾之獲見大道之純全主上丕承先志推廣舍法又賜其來學子弟金端等科名以歸於是靡然 以上一至然計共二百五十三字下接風從

三　閭閻秋秋 秩秩

三〇　四　以 次 第諸生

一〇　照耀 燿 著見

三一　一　而致神示 祇 祖考之格

四　以篇不憯 僭

三三　二　其鄉樂有鼓版 板 笙竽觱 觱

附錄　宋槧宣和奉使高麗圖經校記

行狀

一　九　游 遊 大澤中
二　寓家 居 黃鶴樓上
二　一　詞原 源 浩然
四　坑 坑 冶寶貨
引大禮 理 國入貢
六　是固易辨 辦 耳
一〇　友愛倆 稱 里閭
三　五　其忍至此極邪 誤作刑
三　月氏 氐
四　四　覽其書大說 悅
九　孝悌出 自 天性自虜 鹵 犯淮甸
二　時造祠下烝 蒸 嘗不少怠
堊 誤至 牾 忤 時宰

五　四　公褚 楮 中有茶
六　天 山 經地志
二　濡毫嗽 潄 墨
六　七　唯 惟 眷戀墳墓不置
一〇　或至於涕流 泳 也
二　五月二十日 誤作二十一日
七　一　曰蔵 藏誤
二　曰葴 葴誤
三　馮 次誤 師文
七　次適將仕郎俞□ 俞下宋本係墨釘知不本空一字不知究係何字
一〇　而公之生有十 宋本千 歲來歸之兆
八　四　雖夜屏鐙燭 漏 無毫釐差
五　尤逼懷素「縱 夭 橫馳騁其用無窮」 縱至窮八字宋本在
脗合制字本意（七頁上九行）句下知不誤置此處

九 五 胳合制字本意縱橫馳騁其用無窮（意下縱至窮八字誤與上頁尤逼懷素句相接）

八 敢（散誤）逃（迹誤）公行事大略以竢作者紀而詩（誌）之

宋本中縫仍作「經四十」三字知不本作「高麗圖經附錄」六字

徐藏跋

四 一 里人徐周賓乞（借）覯

三 有北醫上官（宜誤）生實獲此書

四 世傳余（予）書